JAMES DOUGLAS
BARRON

Sie bekommt ein Baby – und ich die Krise

Was jeder Mann wissen sollte, wenn
die Frau, die er liebt, schwanger ist

Aus dem Amerikanischen
von Michael Göpfert

Mosaik
bei GOLDMANN

Umwelthinweis:
Alle bedruckten Materialien dieses Taschenbuches
sind chlorfrei und umweltschonend.

7.Auflage
Deutsche Erstausgabe August 1999

Originaltitel: She's Having a Baby – and I'm Having a Breakdown
Originalverlag: Quill, William Morrow & Co., N.Y.
Umschlaggestaltung: Design Team München
unter Verwendung eines Fotos
von The Image Bank, Dag Sundberg
Redaktion: Dr. Martina Klüver
Illustrationen: © 1998 by Jeff Moores
Druck: GGP Media GmbH, Pößneck
Verlagsnummer: 16211
DTP: Martin Strohkendl
Kö · Herstellung: Max Widmaier
Printed in Germany
ISBN 3-442-16211-4

Für Jeannette,
Isabelle und Benjamin

Inhalt

Einführung

Ich lag neben meiner Frau im Bett. Sie war im achten Monat schwanger. Es war schon spät, aber wir konnten nicht einschlafen. Sie las Bücher über Schwangerschaft. Ich las einen Roman. »Wieso liest du eigentlich nicht *diese* Bücher?« fragte meine Frau. Es war eine Frage, wie sie schon Millionen von Männern gestellt wurde, und ebenso wie die anderen Männer hatte auch ich keine gute Antwort auf diese Frage. Die Schwangerschaft war wichtig für mich. Ich war bei fast jedem Besuch beim Frauenarzt dabei gewesen. Ich war voller Erwartung zu dem Geburtsvorbereitungskurs mitgegangen, und ich hatte das Zimmer, das wir jetzt das Kinderzimmer nannten, geplant und neu eingerichtet. Ich hatte das Gefühl, daß ich zwar über Schwangerschaft lesen *wollte*, daß es mir aber aus irgendeinem Grunde nicht gelang.

Ich schaute mich um. Überall waren Berge: nicht nur der geschwollene Bauch meiner Frau, sondern auch Berge und nochmals Berge von Büchern über Schwangerschaft. Ich las die Titel dieser Bücher. Sie schienen alle von Frauen oder von Ärzten verfaßt worden zu sein – und ich stellte fest, daß kein einziges Buch Männer direkt ansprach. Dann fing ich an, die diversen Bände durchzublättern, Hunderte von Seiten zu sichten, und selbst nach Studium der Inhaltsverzeichnisse hatte ich erschrekkend wenig über Männer gefunden, die offensichtlich nach

Meinung dieser Fachleute nur eine einzige Rolle bei der Schwangerschaft spielen: Sperma zum Ei zu schaffen!

Entschuldigung, dachte ich bei mir, aber ich habe auch etwas mit dieser Schwangerschaft zu tun! In diesem Augenblick stellte ich fest, daß ich eigentlich ein Buch wollte, das *von* einem Mann *für* den Mann geschrieben war – ein Buch, bei dem ich mich nicht wie ein Eindringling oder wie ein Außenstehender fühlte. Ich wollte ein Buch mit Vorschlägen dafür, wie ich mich verhalten sollte und was ich tun sollte. Das Buch sollte mir dabei helfen, den emotionalen und körperlichen Zustand meiner Frau besser zu verstehen, für ihr Wohlbefinden zu sorgen und trotz allem meinen Platz in unserer Beziehung zu behaupten – und es sollte mich auf die Vaterschaft vorbereiten.

Bald stellte ich allerdings fest, daß es für Männer keine uralten Regelwerke gab, die sie konsultieren konnten. Es gab keine Stammtischgespräche zu dem Thema und auch keine Navigationshilfen, die von Generation zu Generation weitergereicht worden wären, um diese schwierige Strecke zurückzulegen. Unsere Väter können uns keine detaillierten Ratschläge geben, da die meisten von ihnen wohl eher Außenseiter bei den Schwangerschaften ihrer Frauen waren. Also faßte ich den Entschluß, dieses Buch für Männer zu schreiben – ein Buch, das gleichzeitig auch den Frauen helfen würde, besser zu verstehen, was ihre Ehemänner durchmachen.

Wir hören häufig, daß das Vatersein von unserer Gesellschaft sträflich unterbewertet wird. Es ist die reine Wahrheit. Aber nach meiner Erfahrung gibt es nichts, was so phantastisch wäre. Wirklich nichts. Es ist nicht geringer als Muttersein; es ist gleichwertig. Aber es sollte von Anfang an erlebt werden. Die Karten der Partnerschaft zwischen Mann und

Frau müssen neu gemischt werden, es muß eine Entwicklung stattfinden, so daß das schreiende Baby bei seiner Ankunft auf der Welt alles an seinem Ort vorfindet: Vater, Mutter und einen Platz für das Baby im gemeinsamen Leben des Paares.

Es ist eine große Reise für den Mann, der sich darauf einlassen will. Ich weiß es – ich habe diese Reise gemacht. Machen Sie sie Schritt für Schritt. Ab und zu müssen Sie natürlich auch einmal einen Sprung wagen. Wenn Sie fallen, stehen Sie einfach auf und versuchen es noch einmal. Und am nächsten Tag schauen Sie in den Spiegel, und Sie werden zufrieden sein mit dem Vater, der Ihnen entgegensieht. Sie werden ein oder zwei Falten um die Augen dazu bekommen – aber Sie wissen, Sie würden alles sofort noch einmal machen.

James Douglas Barron

P.S. Mir ist bewußt, daß viele Paare, die Babys bekommen, nicht verheiratet sind. Der Einfachheit halber wird jedoch in diesem Buch von der schwangeren Frau als der »Ehefrau« gesprochen.

10 GROSSARTIGE MOMENTE DER SCHWANGERSCHAFT UND DER FRÜHEN VATERSCHAFT:

1. Die Worte »Du wirst Vater ...» hören.
2. Allen Leuten die gute Neuigkeit erzählen und ihre Augen aufleuchten sehen.
3. Das Herzklopfen Ihres Kindes zum ersten Mal hören.
4. Sex zur Mitte der Schwangerschaft (Überraschung!)
5. Besuch der Kinderstation im Krankenhaus mit Ihrer schwangeren Frau und Beobachtung der vielen Babys durch die Glasscheibe.
6. Die Worte »Sie haben einen Jungen/ein Mädchen!» hören.
7. Ihr Baby das erste Mal auf dem Arm halten.
8. Ihr Baby zu Ihrer Frau bringen und sehen, wie glücklich Sie sie gemacht haben.
9. Die Hand Ihrer Frau halten und Ihrem Kind beim Schlafen zusehen.
10. Mitten in der Nacht Ihr Baby beruhigen, ihm etwas vorsingen und im dunklen Wohnzimmer tanzen – nur Sie allein mit dem Baby auf dem Arm.

Das erste Drittel

1. Sie bekommt ein Baby? Glückwünsche!

Aber bei all dem wissenden Augenzwinkern und Schulterklopfen kommt Ihnen irgendwann die Erleuchtung, daß auch *Sie* ein Baby bekommen. Ist das nicht phantastisch? Oder ... etwa nicht?

2. Wenn die ganze Sache so phantastisch ist, warum fühlen Sie sich, als wären Sie kurz vor einem Nervenzusammenbruch?

Ihre Frau hat Sie an sich gezogen und Ihnen ins Ohr geflüstert, *Du hast mich zur glücklichsten Frau der Welt gemacht.* OK, vielleicht hat sie es nicht genau so gemacht, aber Sie konnten diese Botschaft in ihren Augen lesen. Sie haben es genossen, Sie haben sich wie ein anschwellender Heißluftballon gefühlt – aber gleichzeitig verspürten Sie ein deutliches Ziehen, als ob Sie von Sandsäcken am Boden gehalten würden.

Sicherlich sind gerade die ersten goldenen Momente nach der freudigen Nachricht außergewöhnlich. All die Dinge, die Sie jemals in Erwägung gezogen haben, um sie glücklich zu machen – eine traumhafte Liebesnacht, einen Diamantring, ein Haus mit Garten –, sind *nichts* im Vergleich hierzu. Sie ist in Ekstase, sie ist außer sich. Und Sie haben schon jetzt ein komisches Gefühl in der Magengegend. Warum? Weil Sie die Verantwortung heranziehen fühlen, als sei es eine gefährliche Sturmwolke. Sie können bereits den krachenden Donner hören; sie hört gar nichts. Sie sehen bereits die Blitze; sie sieht gar nichts. Sie nehmen bereits die Schlüssel aus der Hosentasche, damit Sie nicht vom Blitz getroffen werden; sie merkt gar nichts. Sie finden den Unterschied in ihren Reaktionen sehr beunruhigend.

Das beste Heilmittel für Sie ist in diesem Fall: Lernen Sie von Ihrer Frau. Schauen Sie nicht zu weit in die Zukunft, sonst wird es Ihnen kaum gelingen, den Moment zu genießen. Natürlich sollten Sie Vorsorge treffen. Fangen Sie (*jetzt!*) an, Geld zu sparen, wenn Ihnen die Studiengebühren Ihres Kindes bereits Sorgen machen. Aber lassen Sie sich nicht so sehr in Planungen verstricken, daß Sie nicht mehr das Schöne erkennen, das Sie zusammen geschaffen haben. Das kann Ihnen niemand mehr nehmen. Mit anderen Worten, kappen Sie die Seile, werfen Sie den Ballast über Bord und gehen Sie auf die Reise.

Noch mehr gute Neuigkeiten: Sie werden während der Schwangerschaft keinen Nervenzusammenbruch erleiden. Manchmal werden Sie *glauben*, Sie ständen kurz davor, aber es wird vorüber gehen. (Dann, in den ersten sechs Wochen nach der Geburt des Babys, werden Sie *schwören*, daß Sie einen Nervenzusammenbruch haben werden, aber es wird wiederum falscher Alarm sein.)

3. Wenn Sie beim ersten Hören der Neuigkeit Mist gemacht haben, machen Sie es jetzt besser.

Bitten Sie um eine zweite Chance für Ihre Reaktion. Aber nicht am Telefon. Wenn Sie können, gehen Sie etwas früher von der Arbeit nach Hause. Bringen Sie Ihre Frau an einen Ort voller

10 ANTWORTEN
AUF DIE NACHRICHT VON DER SCHWANGERSCHAFT, DIE IHRE FRAU NICHT HÖREN WILL:

1. Bist du dir *wirklich* sicher?
2. Wie weißt du das so genau?
3. Du warst nie gut im Rechnen – du hast dich sicherlich geirrt.
4. Ich fühle mich ganz durcheinander.
5. Wann ist *das* denn passiert?
6. Was soll ich denn dazu sagen?
7. Es haut mich um. Das ist eine sehr große Verantwortung. Wirklich. Eine enorme Verantwortung. Ich meine, das ist eine Riesenverantwortung. Wahnsinnig!
8. Ich bin betäubt. Zu betäubt, um etwas zu sagen.
9. Wenn es ein Mädchen ist, muß ich dann die Hochzeit bezahlen?
10. Kann ich später darauf zurückkommen?

Romantik, umarmen Sie sie, und zeigen Sie Ihre Gefühle. Wenn Sie sich überwältigt fühlen, übertreiben Sie nicht. Aber sagen Sie ihr, daß Sie für sie und für das Kind da sein werden. Sie will hören, daß sie auf Unterstützung zählen kann. Dann will sie es noch einmal hören. Und noch einmal. Und noch einmal.

4. Gehen Sie mit Ihr zum Frauenarzt – aber seien Sie vorbereitet.

Vorbereitet auf was? Darauf, daß Sie sich verunsichert, enttäuscht und dumm fühlen werden.

Im Wartezimmer wartet folgende Szene auf Sie: schwangere Frauen (in den verschiedenen Stadien der Schwangerschaft), vielleicht einige Ehemänner und nicht schwangere Frauen, die zu einer gynäkologischen Untersuchung gekommen sind. Sie werden die Blicke auf sich spüren. Dann: die Wartezeit. Sie sehen sich die abgegriffenen Zeitschriften an ..., aber da ist keine einzige Sportillustrierte und auch kein einziges Nachrichtenmagazin auf dem ganzen Haufen. Nichts als Frauenzeitschriften. Elternzeitschriften. Müttermagazine. Sie fühlen sich deutlich fehl am Platz.

Der Name Ihrer Frau wird von einer Frau aufgerufen, die einen Plastikbecher hält. Sie verfallen in einen Trancezustand oder fangen an, Zeitschriften schneller durchzublättern, als Sie lesen können. Dann werden Sie auch ins Behandlungszimmer gerufen.

Der Arzt bestätigt die Schwangerschaft, und Sie stellen fest, daß Sie eigentlich nicht richtig daran geglaubt hatten, bis der Arzt oder die Ärztin es Ihnen mitteilte. Jetzt dreht sich das atemberaubende Rad der Schwangerschaft – der Arzt analysiert die Zahlen und sagt Ihnen, wann die Empfängnis stattgefunden hat, und Sie denken zurück und versuchen, sich daran zu erinnern, ob Sie wirklich an jenem Mittwoch Sex hatten. Er verkündet das zu erwartende Geburtsdatum und erinnert Sie daran, daß solche Daten nicht sehr genau sind, aber es ist schon zu spät: Sie sind bereits beide auf den Monat und den Tag fixiert.

Dann gehen Sie mit Ihrer Frau den Korridor entlang, und aus allen Türen schauen Laborangestellte, Sekretärinnen und Empfangspersonal. Alle lächeln freundlich und beglückwünschen – Ihre Frau.

Auf der Straße wundern Sie sich (vielleicht sogar laut), *Habe ich mir das eingebildet, oder war ich da drinnen völlig überflüssig?* Und dies ist die wahre Antwort: Die Welt ist noch nicht ganz so weit wie der sich engagierende zukünftige Vater. Aber damit werden Sie umgehen lernen.

5. Mindern Sie die Schuldgefühle Ihrer Frau.

Die ersten Worte Ihrer Frau nach Übermittlung der großen Neuigkeit sind vielleicht »Oh, mein Gott, und ich habe gestern noch so viele Margaritas getrunken! Ich habe schon alles vermasselt!« Oder sie bedauert es, bis vier Uhr morgens auf dem Fest gewesen zu sein. Oder die Zigarette, die sie von jemandem auf dem Fest geschnorrt hat (und dazu noch eine Camel ohne Filter!). Oder irgendwelche anderen Tabus für die Zeit der Schwangerschaft.

Es ist Ihre Aufgabe, Ihre Frau zu beruhigen und ihr zu versichern, daß kein Schaden entstanden ist. Lassen Sie es nicht zu, daß sie sich neun Monate lang quält und sorgenvoll die Nägel kaut. (Und vielleicht sollten wir uns daran erinnern, daß die meisten unserer Mütter während der Schwangerschaft nicht wenig rauchten und auch einige Gläschen tranken, und wir scheinen trotzdem ganz in Ordnung zu sein.)

Kochen Sie ein Abendessen für Ihre Frau. *Lassen Sie es nicht zu, daß sie dabei die Küche betritt, sonst wird sie sich einen Löffel nehmen und anfangen zu rühren. Selbst wenn Sie ein mittelmäßiger Koch sind, so wird sie doch gerührt sein über Ihre Anstrengungen. Denken Sie daran: viele Ballaststoffe, viel Gemüse und wenig Fett. (Und seien Sie nicht so dumm, Ihre Frau nach dem Essen aufräumen zu lassen – sonst ist die Magie des Augenblicks sofort verschwunden.)*

6. Entscheiden Sie, wem Sie es wann sagen wollen.

Nachdem Sie die Neuigkeit erfahren haben, gibt es vielleicht einen surrealen Moment, in dem Sie nicht wissen, was Sie als nächstes tun sollten. Die meisten Leute wollen sich einer anderen Person (*irgendwem!*) mitteilen, damit es sich wirklich anfühlt.

Meine Frau und ich lagen im Bett, nachdem wir es entdeckt hatten, und lächelten einander an. Wir schauten auf den gefärbten Teststreifen auf unserer Fensterbank. Wir legten die Arme einander um die Schultern, küßten uns auf den Mund, rollten im Bett herum und fühlten eine ganz besondere Mischung aus Schwindel, Erleichterung und Ehrfurcht in Anbetracht des riesigen neuen Horizonts, der sich vor uns aufgetan hatte.

»Ich muß es meiner Mutter sagen!« verkündete sie genußvoll.

»Was mußt du? Wem? Noch nicht!« sagte ich.

»Wann denn?« fragte sie.

»In einem Monat«, sagte ich. Sie schüttelte entschieden den Kopf. »In einer Woche?« Sie schüttelte wieder den Kopf. »Gut, dann behalten wir das Geheimnis bis morgen für uns.« Sie gab nach.

Aber gegen drei Uhr nachmittags flehte meine Frau mich auf Knien an, daß sie mir auf ewig dankbar wäre, wenn sie doch bitte, bitte ihre Mutter anrufen könnte. »Und unsere engsten Freunde«, fügte sie hinzu. Ich gebe gern zu, daß ich auch aufgeregt war beim Gedanken daran, meine Eltern anzurufen, denn jeder Mann versteht, daß Vater werden die Familienkonstellation neu definiert.

Ja, die Mutter meiner Frau war natürlich entzückt über die Neuigkeit (ich konnte fast hören, wie sie schon die Koffer

10 DINGE, DIE EIN ZUKÜNFTIGER VATER BEI DER SCHWANGERSCHAFT AM MEISTEN FÜRCHTET:

1. Das Baby wird mit einem Geburtsfehler geboren.
2. Meine Frau wird bei der Geburt sterben.
3. Sex wird nie wieder so sein wie früher.
4. Ihre Figur wird nie wieder so sein wie früher.
5. Die Ehe wird nie wieder so sein wie früher.
6. Meine Frau wird sich viel mehr für unser Kind interessieren als für mich.
7. Sex wird nie wieder so sein wie früher.
8. Ich werde ohnmächtig werden, wenn ich Blut sehe, oder ich werde sonst irgend etwas Dummes im Kreißsaal tun.
9. Die Geburt meines Kindes wird das Ende meiner Jugend bedeuten und mich direkt ins reife Mannesalter katapultieren.
10. Sex wird nie wieder so sein wie früher.

packte, während sie noch telefonierte). Meine Eltern waren ebenfalls außer sich vor Freude. Dann riefen wir einen Freund an. Und dann noch einen. Es war fast wie beim Nüsse-Essen – wir konnten nicht mehr aufhören. Tatsächlich ging es noch wochenlang so weiter. Wenn wir uns ein wenig gestreßt fühlten, griffen wir zum Telefon, damit einer unserer Freunde uns wieder aufmuntern konnte. (Wenn man alle Freunde angerufen hat, fängt man mit den entfernten Verwandten an.)

Um ehrlich zu sein: Es gibt keine Richtlinien und kein richtiges oder falsches Verhalten im Zusammenhang mit dem richtigen Zeitpunkt, diese Neuigkeit anderen Leuten mitzuteilen. Einige Paare machen den ersten Anruf, während sich der Teststreifen färbt. Andere warten bis nach der elften Woche, wenn die größte Gefahr einer Fehlgeburt vorbei ist. Wieder andere Paare sagen kein Wort, bis man die Schwangerschaft deutlich sehen kann. Aber wenn eine Frau es erzählen muß, dann muß sie es erzählen – und es gibt kaum etwas, das sie davon abhalten könnte.

7. Gestehen Sie Ihre Angst ein, daß die Schwangerschaft und das neugeborene Baby Ihr Geschlechtsleben torpedieren werden.

OK, beruhigen Sie sich. Wir alle kennen das Klischee – wenn die Ehe noch nicht Ihr Geschlechtsleben zerstört hat, so wird das Kinderkriegen den Rest besorgen. Die schlechte Nachricht zuerst: Schwangerschaft und Elternschaft können manchmal die Leidenschaft Ihres Geschlechtslebens verringern. Die gute Nachricht: Das *muß* nicht geschehen.

Wenn Sie eine Weile verheiratet sind, wissen Sie bereits, daß es nicht einfach ist, den Sex in der Ehe immer leidenschaftlich zu gestalten. Zu Anfang der Beziehung war Sex problemlos einfach. Wahrscheinlich hatten Sie eine Phase totaler Lust, störten alle Nachbarn, zerstörten die Couch ihrer Eltern, machten alle Freunde verrückt, daß sie es nicht genug trieben, durchliefen Höhen und Tiefen in der Beziehung, die zu Höhen und Tiefen im Geschlechtsleben führten, liefen auseinander, fanden wieder zurück, verlobten sich, heirateten und spürten dann die kühlen Winde sexueller Langeweile. Schon vor der Schwangerschaft war Ihnen beiden wahrscheinlich klar geworden, daß Sie beide sich Mühe geben mußten, um Ihr Sexleben wieder interessanter zu gestalten.

Diese Mühe wird absolut notwendig während der Schwangerschaft und ganz besonders nach der Geburt des Kindes. Ferien sind eine Methode, Ihr Geschlechtsleben neu anzuregen, aber nicht alle haben genug Zeit oder Geld für einen schnellen Abstecher in die Karibik. Zum Glück gibt es auch noch das nächste Hotel als mögliche Zuflucht.

Denn nichts ist sexuell anregender als ein neutrales Bett und eine andere Umgebung. Mein Freund Peter erklärte es mir folgendermaßen: »Wenn wir so richtig Lust bekommen, dann gehen meine Frau und ich ins Hotel. Ich nehme eine Flasche Wein mit, vielleicht neue Dessous, manchmal ein Pornoheft oder ein Video, und dann stellen wir erst einmal das Telefon ab. Wir bestellen uns Essen und Getränke aufs Zimmer. Wir essen und schlafen zu unmöglichen Zeiten. Wir gehen zusammen in die Badewanne und massieren einander ausgiebig – all die Dinge, für die wir normalerweise keine Zeit haben.« Meine anderen Freunde sind der gleichen Meinung: Was ist ansprechender – eine Sprechstunde bei der Eheberatung oder eine Liebesnacht? Die Kosten sind ungefähr die gleichen.

Was wollen also Männer von schwangeren Frauen? Nicht nur Sex – davon bekommen sie wahrscheinlich im zweiten Schwangerschaftsdrittel noch reichlich. Ich glaube, es geht mehr um Phantasie. Mein Freund Cliff erinnerte sich an den Tag, an dem seine damalige Freundin (und jetzige Ehefrau) nach der Arbeit in sein Büro kam, nur mit einem knallroten Regenmantel bekleidet. »Sie zog ihn aus, und wir liebten uns auf meinem Schreibtisch. Es war ein unglaublicher Trip.« Aber nicht der richtige Trip für die aktuelle Phase. Es ist nun einmal so, daß ein Spaziergang, nur mit einem Regenmantel bekleidet, so ziemlich das Letzte wäre, wonach sich Ihre schwangere Frau im Moment fühlt. Sie fühlt sich romantisch, intim und mütterlich – nicht wild und wagemutig. Also werden Sie Ihre Frau unterstützen und sich ihr gegenüber romantisch verhalten, wenn Sie Ihre verdiente Belohnung wünschen. Keine Romantik, kein Sex.

8. Nach einigen Wochen Schwangerschaft wissen Sie wahrscheinlich überhaupt nicht mehr, was Sie eigentlich fühlen.

Beschwingt? Am Boden zerstört? Orientierungslos? Potenter? Vielleicht all diese Gefühle, eins nach dem anderen. Teilen Sie sich Ihrer Frau mit, sagen Sie ihr, wie Sie sich fühlen, auf ruhige und klare Art und Weise – ohne drumherum zu reden. Sie könnte ja ebenfalls solche Dinge verspüren!

9. Sorgen Sie dafür, daß die Schwangerschaft eine gewisse Magie erhält.

Eines Tages sagte meine Frau zu mir, daß sie ein ganz leichtes Kitzeln in der Gebärmutter verspürte – »wie Schmetterlinge«. Und eine Freundin beschrieb ein leichtes Kneifen, was sie sich als das Einnisten des befruchteten Eis an der Gebärmutterwand vorstellte. Wenn Ihnen Ihre Frau etwas Ähnliches berichtet, so sagen Sie auf keinen Fall: »Das ist doch lächerlich« oder »Unmöglich, daß du schon irgend etwas fühlst« oder »Das muß das scharfe Essen gestern abend gewesen sein.« Warum sollten Sie ihre wunderschönen Phantasien zerstören? Viel besser ist es, richtig verrückt zu reagieren – legen Sie Ihr Ohr an ihren Bauch, um genau zuzuhören. Natürlich werden Sie nichts anderes vernehmen als den atonalen gurgelnden Gesang ihres Verdauungssystem (so ähnlich wie die Laute von Walen), aber sie wird es rührend finden, daß Sie den Versuch unternommen haben.

10 DINGE, DIE EINE SCHWANGERE FRAU VON IHREM EHEMANN ERWARTET:

1. Träumen Sie von Ihrem Leben mit dem Baby.
2. Helfen Sie ihr bei der Überwindung ihrer Ängste.
3. Gehen Sie so oft wie irgend möglich mit ihr zum Frauenarzt.
4. Planen Sie die Ausstattung des Kinderzimmers mit ihr.
5. Massieren Sie ihr Kreuz und ihre Füße.
6. Bringen Sie ihr Blumen mit.
7. Hören Sie sich ihre täglichen Beschwerden und Ängste an.
8. Lieben Sie Ihre Frau, wenn sie Lust dazu verspürt, aber respektieren Sie die Momente, wenn sie keine Lust hat.
9. Gehen Sie nie direkt zu Ihrer Zeitung, Ihrem Fernseher, Ihrer Post oder Ihrer Hausbar, wenn Sie nach Hause kommen. Statt dessen fragen Sie zuerst, wie es ihr geht.
10. Sehen Sie nie anderen Frauen nach (insbesondere wenn sie dabei ist).

10. Denken Sie an Ihre gute Erziehung: Helfen Sie Ihrer Frau über die Straße, nehmen Sie ihr schwere Taschen ab, tragen Sie alles bis auf ihre Handtasche.

Es ist zu diesem Zeitpunkt der Schwangerschaft wohl nicht nötig – aber das macht nichts. Vielleicht wird Ihre Frau Sie ab und zu davon abhalten wollen. Wahrscheinlich jedoch nicht. Frauen lieben es, verwöhnt zu werden, und sie wird sich über die liebevolle Aufmerksamkeit freuen – und es Sie wissen lassen. Auf jeden Fall sollten Sie Ihrer Frau den Arm geben, wenn Sie über nasse, verschneite oder vereiste Straßen gehen müssen; ihr Gleichgewichtsgefühl könnte nicht recht funktionieren.

11. Verteidigen Sie den körperlichen Freiraum Ihrer Frau.

Dazu gehört, daß Sie den Fettsack mit dem Hamburger in der Hand, der sich im Bus breit macht, auffordern, für Ihre schwangere Frau aufzustehen, da ihr gerade schlecht wird. Stehen Sie in öffentlichen Verkehrsmitteln vor ihr, so daß niemand ihr den Ellbogen in den Bauch stoßen kann. Gehen Sie in überfüllten Kaufhäusern vor ihr her, so daß ihre Frau leichter vorwärts kommt. Bitten Sie die Person neben Ihnen, das Rauchen zu unterlassen, da Ihre Frau Ihr Baby erwartet. Normalerweise sind alle Menschen sehr hilfreich; kaum jemand wird so respektiert und verehrt wie eine schwangere Frau.

Vielleicht dämmert Ihnen inzwischen, daß Sie sich auf unbewußte Weise schützender geben als sonst üblich. Das ist gut so. Sie werden dieses Verhalten zukünftig brauchen, und manchmal auf nicht ganz offensichtliche Art und Weise.

12. Schützen Sie Ihre Frau vor Streß.

Eine der Ironien des Lebens ist es, daß Streß immer dann zunimmt, wenn Sie ihn am wenigsten gebrauchen können. Während der Schwangerschaft braucht ihre Frau nicht viel Einbildungskraft, um sich das Schlimmste vorzustellen. Die schlimmste Möglichkeit wird ihr immer vorschweben, in Gestalt der kleinsten statistischen Chance einer Fehlgeburt oder eines Geburtsfehlers, in den vorsichtigen Warnungen und Verboten des Frauenarztes.

Zeigen Sie ihr, wie sie das Telefon abstellen, sich hinlegen und ruhig durchatmen kann – und sehen Sie zu, daß Sie selbst es auch schaffen.

13. *Lassen Sie nicht zu, daß Ihre Frau jede freie Minute im Bett damit verbringt, sich in Schwangerschaftstexte zu vertiefen.*

Diese Bücher gehen davon aus, daß kein Detail für Ihre Frau zu technisch oder zu trivial oder zu erschreckend ist. Sie sind absolut nicht davon überzeugt, daß all diese dicken Bücher ihr helfen werden, aber sie meint, daß die Lektüre notwendig sei. Sie versuchen, Ihre Frau dazu zu bewegen, das Buch aus der Hand zu legen. Sie weigert sich. Und in diesem Moment merken Sie, daß Sie nach dieser Diskussion über den Sinn und Zweck dieser Bücher absolut keine Lust mehr auf Sex haben – der in Anbetracht der morgendlichen Übelkeit und der konstanten Sorgen immer mehr dem Schwangerschaftskalender zum Opfer fällt.

Finden Sie einen Weg, um Ihre Frau auf taktvolle Weise von den Büchern abzulenken. Entdecken Sie den richtigen Moment, ihre Brille abzunehmen und sie zu umarmen. Dann legen Sie Ihr Ohr an ihren Bauch (eine Zärtlichkeit, die sie immer wieder zutiefst rührt). Massieren Sie ihren Rücken, ihre Schultern, ihre Knöchel, ihre Hüften und was Ihnen sonst noch einfällt.

14. *Bitten Sie Ihre Frau, von den Problemen an ihrem Arbeitsplatz zu berichten (und wenn Sie schon dabei sind, erzählen Sie ihr auch die Probleme, die es an Ihrem Arbeitsplatz gibt).*

Wann sollte sie ihrem Chef mitteilen, daß sie schwanger ist? Wird ihr deshalb die anstehende Beförderung verweigert? Träumt sie jetzt trotz ihrer weitreichenden Karriereziele davon, diese Ziele erst einmal in den Hintergrund zu stellen, um sich um das Baby zu kümmern? Wenn ja, für wie lange?

Sie hat vielleicht Schuldgefühle, weil sie nicht bereit ist, sich ein Jahr freistellen zu lassen (unter Umständen, weil ihre Mutter immer zu Hause war, und sie will für ihr Kind eine ebenso gute Mutter sein wie ihre Mutter es für sie war). Oder sie sagt sich: »Es ist finanziell sinnlos, einer Kinderfrau fast das gleiche zu bezahlen, was ich bisher verdient habe.« Oder sie fragt sich, ob sie wirklich für eine Vollzeit-Mutterschaft geeignet ist, angesichts der kärglichen täglichen Belohnungen. Sie sollten erkennen, daß für Ihre Frau keiner ihrer Gedanken über Arbeit und die neue Mutterschaft klar definiert ist, und auch die Entscheidungen, die sie bald treffen muß, sind noch etwas vage.

Selbst wenn Ihre Frau bisher beruflich Karriere gemacht hat, bereiten Sie sich seelisch auf den Vorschlag vor, daß sie nun eine Vollzeit-Mutter werden will. Schluck. Vielleicht haben Sie mit ihren Einkünften gerechnet, und jetzt fühlen Sie, wie sich eine Schlinge um Ihren Hals legt. Wie werden Sie mehr verdienen können – dabei dachten Sie, daß Sie weniger arbeiten sollten, um mehr Zeit mit Ihrem Kind zu verbringen? Wie können Sie mit den jungen Leuten konkurrieren, die, mit einem Traumdiplom frisch von der Uni, jeden Morgen vor acht Uhr im Büro sind und abends bis neun Uhr bleiben, dann eine Partie Tennis spielen, einen Hamburger und Pommes essen und die dann irgendwann spät in der Nacht (allein oder mit einem Mädchen) ins Bett fallen? Vielleicht fühlen Sie sich, als ob man Ihnen befohlen hätte, den Fuß vom Gaspedal zu nehmen, aber trotzdem irgendwie schneller zu fahren.

Es sind viele Dinge, die Sie mit Ihrer Frau besprechen sollten.

15. Sie beginnen, sich vielleicht zu fragen: Können wir uns überhaupt ein Baby leisten?

Wenn es Ihnen wie den meisten Leuten geht, dann wissen Sie, daß Geld nicht vom Himmel fällt. Was sollen Sie also machen?

Als erstes sprechen Sie mit Ihrer Frau über Ihre Sorgen. Dies ist nicht der Zeitpunkt, wie Clint Eastwood stoisch alles zu ignorieren. Vielleicht hat sie nicht die finanzielle Antwort, aber sie wird Sie daran erinnern, daß das Baby eine gewollte Bereicherung Ihres Lebens ist, und wenn deswegen Opfer gebracht werden müssen, so werden Sie diese Opfer zusammen bringen. An zweiter Stelle machen Sie einen Termin mit einem professionellen Finanzberater, der Ihnen dabei helfen kann, Fünf-, Zehn- oder Fünfzehnjahrespläne für Ihre wachsende Familie aufzustellen. Er wird Ihnen zeigen, wie Sie mit Ihren finanziellen Befürchtungen fertig werden können, angefangen bei den täglichen Einkäufen bis hin zur Finanzierung des Studiums.

Der moderne Mann ist allerdings nicht mehr damit zufrieden, nur der Versorger der Familie zu sein, genauso wie die moderne Frau nicht nur ihre Rolle im Kreis der Familie spielen möchte, sondern auch am Arbeitsplatz etwas leisten will. Sie sind beide dabei, neue Rollen zu entdecken, miteinander zu vermischen und aneinander anzupassen – das macht die Elternschaft in der heutigen Zeit zu einer so einzigartigen Erfahrung. Fast alle meine männlichen Freunde waren sich einig: »Wenn ich mich zur Hälfte um das Baby kümmern soll, kann ich nicht gleichzeitig die ganze Versorgung übernehmen.« Wenn Sie sich wirklich in der Babypflege engagieren möchten, fragen Sie Ihre Frau, ob sie Ihnen dadurch helfen kann, daß sie weiterhin arbeitet – ganztags oder halbtags.

16. Fragen Sie Ihre Eltern und Ihre Schwiegereltern um elterlichen Rat.

Sie werden sich sicherlich geschmeichelt fühlen; Sie begraben das Kriegsbeil (wenn nötig) und bereiten sie gefühlsmäßig darauf vor, Großeltern zu werden. Lächeln Sie, nicken Sie, selbst wenn Sie nicht mit allen Thesen übereinstimmen. Merken Sie sich die Brocken echter Weisheit – sollten sie auch noch so klein sein.

17. Sie muß andauernd Wasser lassen: Versorgen Sie sich mit Pappbechern.

Sie werden diese Becher für Notfälle brauchen, wie zum Beispiel im Auto im Verkehrsstau, im Flugzeug, wenn gerade alle Toiletten besetzt sind, in Zügen ohne Toiletten oder in Parks, in denen die Büsche nicht besonders einladend aussehen.

Und an unerwarteten Orten. Wir waren einmal auf einem Dorffest, und meine Frau mußte dringend auf die Toilette, aber als ich die langen Schlangen dicker Leute (mit Zuckerwatte und Bratwürsten in der Hand) vor den aufmontierten Plastiktoiletten sah und mir die Hitze, die Fliegen und den Gestank vorstellte, dachte ich mir *Nein, wir gehen doch besser nach Plan B vor.* Ich lotste sie zurück zu unserem Wagen, wo dann einer der Pappbecher sich als ideale praktische Notlösung entpuppte. Seitdem hatten wir immer unsere Pappbecher im Reisegepäck.

5 DINGE, DIE SIE AUFGEBEN SOLLTEN:

Wenn Sie noch nicht von diesen Fünf Geboten gehört haben, wo sind Sie gewesen? (Sicherlich nicht mit Ihrer Frau beim Frauenarzt.) Diese Gebote gelten für Ihre Frau und für Sie – es ist viel leichter, zusammen aufzugeben.

1. Du sollst nicht trinken (zumindest nicht vor ihr).
2. Du sollst nicht rauchen (besonders nicht in ihrer Gegenwart – passives Rauchen schadet auch).
3. Du sollst fettes und gebratenes Essen meiden (die Blutgefäße sollen doch nicht verstopft werden).
4. Du sollst koffeinhaltigen Kaffee und Tee meiden (oder nur dann in größeren Mengen trinken, wenn sie nicht dabei ist).
5. Du sollst keine Drogen nehmen (eine Erklärung gefällig?).

18. Sie sollten wissen, daß der Geruchssinn Ihrer Frau noch nie so ausgeprägt war.

Sorgen Sie dafür, daß sie gar nicht erst in Umgebungen mit allzu kräftigen Gerüchen gerät. Gehen Sie nicht mit ihr in ungelüftete Kneipen oder Gaststätten, in denen die Luft eine Mischung aus dreißig Jahren Laster, Bratfett und Bohnerwachs zu sein scheint. Nehmen Sie ihren Arm, gehen Sie auf die andere Straßenseite, wenn Sie Fliegenschwärme über aufgerissenen Müllsäcken vor einem Chinarestaurant sichten. Seien Sie sparsam mit Ihrem Aftershave und Ihrem Deo, und gebrauchen Sie Mundwasser – jede Andeutung von Mundgeruch ist abstoßend.

Im späteren Verlauf der Schwangerschaft kann es vorkommen, daß Ihre Frau eine dermaßen verstopfte Nase bekommt, daß sie auch an einem schwülen Sommertag auf einem Bauernhof den angenehmen Geruch loben würde. Bis dahin sollten Sie tapfer sein und den Müll häufiger herausbringen. Und wenn Sie eine Katze haben, wechseln Sie oft die Katzenstreu, sowohl wegen des Geruchs als auch wegen der Gefahr von Toxoplasmose.

19. Wenn Ihre Frau unter besonders heftiger morgendlicher Übelkeit leidet, erinnern Sie sie daran, kleine Portionen zu essen – und nichts, was zu scharf oder pikant ist.

Ingwer kann die Übelkeit lindern. Unter Umständen auch diejenigen Kräutertees, die vom Arzt genehmigt wurden. Oder versuchen Sie es mit Plastikarmbändern gegen Seekrankheit, die in einigen Apotheken verkauft werden. Fragen Sie ihren Frauenarzt, welche Säurehemmer sie nehmen kann; stellen Sie auch eine Dose mit harten Bonbons auf, denn einige Frauen finden, daß es ihren Magen beruhigt, wenn sie solche Bonbons lutschen. Und erwarten Sie nicht, daß ihre morgendliche Übelkeit am Nachmittag automatisch zu Ende geht – Übelkeit geht nicht nach der Uhr.

20. Haben Sie Verständnis für die morgendliche Übelkeit Ihrer Frau.

Stellen Sie sich den schlimmsten Kater Ihrer Studentenzeit vor, und dann multiplizieren Sie diese Übelkeit mit drei. Schon bei dem Gedanken an ein Glas Wasser kommt es Ihnen hoch. Ihr ganzer Körper pulsiert. Es juckt Sie überall. Ihre Schläfen sind kurz vorm Explodieren. Wenn Sie Ihren Kopf über die Kloschüssel hängen, haben Sie eine Gänsehaut im Nacken, eine pelzige Zunge, Schwefelgeschmack am Gaumen und verbrauchte Luft im Hals.

Seien Sie also zur Stelle, wenn Ihre Frau in die Toilettenschüssel starrt. Diese Aufgabe wird nicht zu Ihren Lieblingspflichten zählen, und es kann gut sein, daß Ihre Frau sie auffordert, aus dem Badezimmer zu verschwinden. Trotzdem zeigen Sie auf diese Weise Ihrer Frau, daß Sie bereit sind, mit ihr durch dick und dünn zu gehen, statt nur daran interessiert zu sein, sich in den glorreichen Momenten der Vaterschaft zu sonnen.

Wenn sie sich etwas besser fühlt, wirken ein Pfefferminz und eine Umarmung Wunder.

21. Befreien Sie die Hausbar und die Speisekammer von allen Versuchungen.

Ihrer Frau wird es leichtfallen, in der Öffentlichkeit nicht zu trinken (auch deshalb, weil sogar völlig Fremde ihr das Glas aus der Hand reißen, sie beschimpfen oder mit öffentlicher Züchtigung drohen könnten). Zu Hause, wo niemand zusieht, ist es manchmal nicht ganz so leicht, das Glas kühlen Weißweins vor dem Abendessen aufzugeben. Helfen Sie ihr dadurch, daß Sie den Wein und die härteren Sachen weit hinten in einem nicht benutzten Abstellraum verstauen (oder noch besser, in einem dunklen Keller). Nach der Geburt können Sie die Flaschen wieder hervorholen.

Finden Sie Ersatz. Alkoholfreie Weine sind nicht besonders wohlschmeckend, aber alkoholfreies Bier ist sehr erfrischend. Machen Sie alkoholfreie Sangria mit vielen verschiedenen Früchten, alkoholfreie Bloody Mary mit Sellerie, mit Limetten garnierte Drinks, die wie Gin Tonic aussehen, in denen aber kein Gin ist (obwohl wahrscheinlich einer von Ihnen sagen wird, daß sie sich nicht wie richtige Drinks *anfühlen*). Koffeinfreie Kaffeebohnen mahlen, alkoholfreie Bierflaschen aufmachen oder den Korken aus einer alkoholfreien Weinflasche ziehen wird Ihren Bedarf an Ritualen befriedigen.

Denken Sie auch daran: Was Sie in Ihrem Kühlschrank und in Ihrer Speisekammer sehen, landet irgendwann als Extrakilo bei Ihnen. Stellen Sie am besten gar kein Speiseeis ins Gefrierfach – nicht nur wegen Ihrer Frau, auch Ihretwegen. In Ihrem beiderseitigen schwangeren Zustand wird es unmöglich sein, die Portionen auf einen Löffel zu beschränken. Sie sollten bessere Dinge zur Hand haben: fettarmen Joghurt, viele Beeren und andere Früchte.

22. Lassen Sie sich vom Arzt untersuchen.

Bei all der Aufmerksamkeit, die den Besuchen Ihrer Frau beim Frauenarzt gewidmet wird, sind Sie vielleicht geneigt, Ihre eigenen Routineuntersuchungen völlig zu vernachlässigen. Sie sollten jedoch auf jeden Fall auch zum Arzt gehen. Jetzt ist der richtige Zeitpunkt, Ihre Cholesterinwerte und Ihre HDL-Werte zu überprüfen, um sich zu vergewissern, daß Ihr Herzkreislaufsystem in bester Ordnung ist. Außerdem sollten Sie Ihre Prostata nachsehen lassen (ich weiß, zu Ihren Lieblingsuntersuchungen zählt diese bestimmt nicht). Und zu einer Generaluntersuchung gehört auch der Gang auf die Waage, um Ihr absolutes, genaues und exaktes Gewicht zu bestimmen.

Und von jetzt ab sollten Sie sich selbst herausfordern, dieses Gewicht (soweit es in Ordnung ist) beizubehalten und Ihren Cholesterinspiegel zu verbessern (wenn das nötig ist). Lassen Sie nicht zu, daß Sie aus reiner Sympathie zwanzig oder dreißig Pfund zunehmen. Wenn Sie die ersten Schreie nach der Geburt vernehmen, werden Sie wissen, daß Sie lange genug leben möchten, um die Kinder Ihrer Kinder kennenzulernen. Geben Sie sich die bestmöglichen Chancen.

23. An einem schönen Sommertag schlagen Sie Ihrer Frau vor, eine Weile im kühlen Wasser des Schwimmbads zu stehen (oder sich auf die Stufen ins Wasser zu setzen) und ein Buch zu lesen.

Meine Frau fand diese Methode perfekt, um ein paar Stunden eines schwangeren Tages zu vertrödeln. Ab und zu winkelte sie zum Muskeltraining des Hinterns ihr Bein an, ansonsten war es das reine Vergnügen. Geben Sie ihr einen Sonnenhut, schmieren Sie ihre Schultern mit Sonnenschutzcreme ein, bringen Sie ihr Essen ans Wasser, und sie wird vor Zufriedenheit strahlen und erkennen, was für eine wertvolle Stütze Sie doch sind.

Machen Sie ein Foto, und wenn Sie den Abzug bekommen, schreiben Sie auf die Rückseite, wo Sie waren und in welchem Monat der Schwangerschaft das Foto gemacht wurde.

24. Bewundern Sie den schwangeren Körper Ihrer Frau.

Was? Sie sind nicht fasziniert vom hormonellen Aufblühen Ihrer schwangeren Frau, von Ihren neuen Kurven, von ihrem sinnlichen Selbstvertrauen? Wachen Sie auf – sagen Sie ihr, daß diese magersüchtigen siebzehnjährigen Mädchen auf den Titelseiten der Modezeitschriften für Sie völlig nichtssagend sind. Sie wird sich geschmeichelt fühlen. (Wenn Sie mit ihr in ein Museum gehen, sagen Sie ihr, daß Sie allmählich verstehen, warum so viele Künstler am liebsten pralle, vollschlanke Frauenakte gemalt haben.)

25. Sex während der Schwangerschaft ist, nun ja, anders als normaler Sex.

Sie ist lockerer in der Vorbereitung auf die Geburt, sie ist feuchter und sie hat einen großen Bedarf an körperlichem und emotionalem Kontakt – aber sie hat zu Beginn der Schwangerschaft eine begrenzte Libido. Seien Sie vorsichtig: Sie segeln unter Winden, die sich ständig drehen. Achten Sie auf die Signale: Zuerst hat sie Interesse, dann wieder nicht, dann wieder doch, dann wieder nicht. (Sie müssen blitzschnell agieren, bevor ihre Stimmung wieder umschlägt.)

Und für Sie werden die Dinge auch ein wenig komplizierter. Irgendwo in Ihrem Hinterkopf haben Sie Angst, daß das Baby Ihren Penis fühlen wird oder daß kräftige Stöße eine Fehlgeburt hervorrufen könnten. Später machen Sie sich Sorgen, daß Sie verfrühte Wehen einleiten könnten. Mit all diesen Gedanken im Kopf versuchen Sie trotzdem, den Sex zu genießen. Es ist nicht immer leicht. Ihre Erektionen schlaffen vielleicht schon einmal ab, obwohl das vorher noch nie passiert ist. Oder sie bekommt nach dem Sex überall am Körper Flecken, und Sie machen sich beide Sorgen.

Was tun? Zunächst sollten Sie Ihre Bedenken dem Frauenarzt vortragen. Er wird Ihnen grünes Licht geben (wenn Ihre Frau eine normale Schwangerschaft hat), und er wird Ihnen die Verhaltensmaßregeln geben, nach denen Sie suchen. Fragen Sie »Wie körperlich ist zu körperlich?« Oder »Sagen Sie mir – muß ich mir Sorgen machen, daß mein Penis das Baby verletzen könnte? Oder eine Fehlgeburt verursachen könnte?« Dann verbannen Sie all die Bilder Ihres zukünftigen Babys als sich entwickelnder Embryo aus Ihren Gedanken – sie haben nur zur Folge, daß Sie sexuell verunsichert werden.

Außerdem sollten Sie sich Mühe geben, mit Ihrer Frau in Ruhe darüber zu sprechen, welche Stellungen besser für sie sind. Offensichtlich sind jetzt ihre Lieblingsstellungen aus der Zeit vor der Schwangerschaft nicht unbedingt ideal. Seien Sie sich im klaren darüber, daß diese Präferenzen sich im Laufe der Schwangerschaft verändern werden. Nach Möglichkeit sollten Sie diese Gespräche locker und lustig gestalten – und nicht pedantisch und medizinisch. Wenn der Sex erst einmal zu klinisch wird, geht es mit Sicherheit bergab.

26. Sagen Sie nie zu Ihrer Frau, sie solle damit aufhören, sich selbst zu bemitleiden, oder sie solle damit aufhören, Ihnen von ihren Schwangerschaftsbeschwerden zu berichten.

Sie muß ihren Gefühlen Ausdruck verleihen können, und Sie wollen sicherlich nicht, daß sie sich auf ihre Freundinnen als Ansprechpartner beschränkt (wenn sie das tut, fühlen Sie sich ausgeschlossen und hätten es lieber, wenn sie Ihnen mehr erzählen würde).

27. Vielleicht sollten Sie ein Tagebuch führen – es könnte eine der weniger bedrohlichen Methoden sein, Ihren Gefühlen während der Schwangerschaft Ausdruck zu verleihen.

Nein, Tagebücher sind nicht für alle Männer die richtige Lösung. Aber selbst wenn es Ihnen noch nie vorher gelungen ist, etwas aufs Papier zu bringen, könnte dies der Zeitpunkt für einen Versuch sein.

Sollten Sie es immer noch nicht gemerkt haben, Frauen sind anders. Frauen finden es phantastisch, Freunden oder Freundinnen ihr Herz auszuschütten. Sie reden einen ganzen Abend (oder ein ganzes Wochenende) über intime persönliche Probleme, kommen zu absolut keinem Entschluß und finden die Erfahrung trotzdem hervorragend. Männer *lösen* Probleme, während Frauen sie *klären*. Männer entschuldigen sich danach: »Tut mir leid, daß ich so lange geredet habe ...« Frauen rufen kurz drauf an und sagen: »Ich habe noch ganz vergessen, das Schärfste an der Geschichte zu erzählen...«

Andere Männer wollen einfach nicht hören, daß es Ihnen nicht gut geht. In einem dieser erschreckend depressiven Momente der Schwangerschaft, die wir alle einmal haben, lud ich einen Freund auf ein Bier ein und legte los, ihm meinen Kummer zu schildern. Er hörte zu, und allmählich überzog ein hilfloser, leerer Ausdruck wie ein kalter Schatten sein Gesicht. Schließlich bekam er einen etwas glasigen Gesichtsausdruck, und er hob die Hand, um den Kellner zu rufen. »Die Rechnung, bitte.« Ende des Gesprächs.

Aber die Seiten Ihres Tagebuchs machen keine Kommentare. Stöhnen Sie. Zeichnen und malen Sie. Kritzeln Sie. Ergehen Sie sich in poetischen Übertreibungen. Schreiben Sie fürchterliche Sachen – oder ganz phantastische.

28. Versuchen Sie, sich nicht in Schwangerschaftsängsten zu verlieren, die weitgehend Ihrer Kontrolle entzogen sind.

Auch Sie haben wahrscheinlich Ängste, die Sie mitten in der Nacht heimsuchen: Fehlgeburt, Fehlbildungen oder schmerzhafte Geburt. Diese Ängste sind häufig von einer störenden Intensität, denn Sie haben wahrscheinlich noch nie so innig gewünscht, daß etwas den richtigen Verlauf nehmen solle, ohne die geringste Ahnung vom wirklichen Verlauf zu haben und ohne den geringsten Einfluß auf diesen Verlauf ausüben zu können. Aber Sie werden sich an diese scheinbar neblige Zukunft gewöhnen müssen; vermuten Sie das Beste, und lassen Sie sich nicht von Ihren Ängsten überwältigen. Es ist ein gutes Zeichen, daß Sie sich so sehr um Ihr Baby sorgen. Sie sind nur einfach nicht an dieses neue Gefühl der Verwundbarkeit gewöhnt. Sie haben es vielleicht noch nicht in den ganzen Ausmaßen bedacht, aber diese Verwundbarkeit wird Sie von nun an immer begleiten: Als Vater werden Sie sich später eine Unzahl von Katastrophen vorstellen können – von Autos, die Zebrastreifen ignorieren, und so weiter und so weiter. Lassen Sie mich betonen: Sie müssen diesen Teil Ihrer Phantasie unter Kontrolle bekommen und sich konstruktiv mit diesen neuen Gedanken und Vorstellungen auseinandersetzen. Vielleicht haben Sie Ängste, die eigentlich kontrollierbar sind – aber Sie haben das Gefühl, daß sie es nicht sind: Sie werden ein schrecklicher Vater sein, Sie werden sich auf dem Weg ins Krankenhaus verfahren, Sie werden im Kreißsaal ohnmächtig werden, Ihre Frau wird Sie nach der Geburt des Babys weniger lieben.

Sie *können* diese Ängste kontrollieren. *Sie* können ein toller Vater werden. Sie werden sich *nicht* verfahren und Sie werden auch *nicht* ohnmächtig werden. Ihre Frau wird Sie als Vater *mehr* lieben als bisher.

Und lassen Sie sich nicht von Schuldgefühlen peinigen, weil Sie während der Schwangerschaft ein paar Fehler machen. Vielleicht geht es um das eine Mal, als Sie gerade nicht den Arm Ihrer Frau hielten und sie aufs Eis stürzte und sich dann fragte, ob wohl dem Baby etwas geschehen sei. Vielleicht geht es um das Mal, als Sie vergaßen, den Drink vorher zu probieren, den der Barmixer für Ihre Frau zubereitet hatte, und sich herausstellte, daß es doch keine alkoholfreie Bloody Mary war, die Ihre Frau in einem Zuge getrunken hatte.

Beruhigen Sie sich. Der Grund für Ihre Sorgen ist, daß Sie sich Mühe geben, Ihrer Frau die Schwangerschaft zu erleichtern, und mit dem ungeborenen Baby bereits einen Bund schließen, ein guter Vater zu werden.

29. Erinnern Sie Ihre Frau daran, mehr Wasser zu trinken. Sie trinkt jetzt für zwei.

30. Konzentrieren Sie sich, bevor Sie zum ersten Mal den Herzschlag Ihres Babys hören.

Poch, poch, poch. Lassen Sie keine irrelevanten Gedanken zwischen Sie und Ihr Baby kommen. Schließen Sie die Augen. Stellen Sie sich vor, was in diesem Moment passiert: Sie haben mitgeholfen, ein menschliches Herz zu schaffen, und es schlägt.

31. Rufen Sie Ihre Versicherung an.

Die durch die Schwangerschaft entstehenden Kosten sind automatisch durch die Versicherung Ihrer Frau abgedeckt. Aber über die Versicherung *Ihres Kindes* sollten Sie sich schon vor dessen Geburt ein paar Gedanken machen, wenn Sie privat versichert sind. Verlassen Sie sich nicht auf Ihr Gedächtnis – schreiben Sie alles auf: Rufen Sie Ihre Versicherung an, aber vergleichen Sie deren Angebot mit den Tarifen anderer Versicherungen.

Organisieren Sie Ihre Unterlagen. Kaufen Sie einen Ordner, in dem Sie alle einschlägigen Belege aufbewahren können. Ordnen Sie in verschiedene Fächer: Noch zu zahlen, Bezahlt, An die Krankenversicherung geschickt, Von der Krankenversicherung erstattet. Sie sollten von allen an die Krankenversicherung geschickten Unterlagen Kopien behalten. In den Büros der Krankenversicherungen gibt es angeblich Maschinen, die Unterlagen verschlingen (oder ähnliche Entschuldigungen), insbesondere wenn es darum geht, Ihnen pünktlich Ihr Geld zu erstatten.

Es kann Wochen oder gar Monate nach der Geburt in Anspruch nehmen, bis die Krankenversicherungskorrespondenz und die entsprechenden Zahlungen ordnungsgemäß erledigt sind. Wahrscheinlich werden Sie lange vorher die Geduld verlieren, wenn nicht einen größeren Teil Ihres Verstandes. Deshalb ist es absolut notwendig, daß Sie die Organisation Ihrer Unterlagen von Anfang an richtig gestalten.

32. Erinnern Sie Ihre Frau daran, wie schön es ist, keine Verhütungsmittel benutzen zu müssen.

Das New Yorker Baseballteam Mets hatte einmal einen Slogan an die Außenwand ihres Stadions geschrieben: BASEBALL WIE ER SEIN SOLL!

(Es könnte ja sein, daß Sie die Meisterschaft 1986 verfolgt haben.) Also, einmal ehrlich, ist dies nicht Sex, wie er sein soll – ungestört von Kondomen, Diaphragmen und schmierigen Spermiziden? Ist das Gefühl so nicht ... *wie es sein sollte*? Sagen Sie Ihrer Frau, wie sehr Sie dieses Gefühl und diese Intimität genießen.

Geben Sie es zu: Es ist eine Erleichterung, nicht bei jedem Akt Zeit und Energie darauf zu verwenden, die kleine Armee Ihrer Spermien ausrotten zu müssen.

Sehr bald werden Sie sich wieder umstellen müssen. Genießen Sie diese Momente, halten Sie jeden Augenblick in Ihrem Gedächtnis fest.

33. Helfen Sie Ihrer Frau, einen Frauenarzt auszuwählen.

Nein, eigentlich war die Auswahl des Frauenarztes keine typisch männliche Domäne. Doch Sie haben Interesse daran, Ihrer Meinung Ausdruck zu verleihen, denn schließlich ist es auch Ihr Baby, dem der Arzt oder die Ärztin auf die Welt helfen soll. Sie sollten Ihre Frau nicht verletzen, aber Sie sollten sich zumindest soweit einmischen, daß Ihre Frau Sie als Ansprechpartner für ihre speziellen Sorgen benutzen kann. Hat sie am liebsten einen Arzt, der ihre Hand hält? Gefallen ihr dogmatische Autoritätspersonen besser? Hätte sie außer des schulmedizinischen Ansatzes gern ein wenig alternative Medizin bei der Entbindung?

Es gibt viele Optionen, und Sie sollten die Bedeutung der Beziehung zwischen Arzt und Patientin nicht unterschätzen. Und Ihre Gefühle zählen ebenso. Wenn Sie ihren Frauenarzt oder ihre Frauenärztin absolut nicht ertragen können, wenn Sie seine oder ihre Fähigkeiten in Frage stellen oder wenn Sie glauben, daß Ihre Bedenken und Fragen ignoriert werden, so sollten Sie darüber sprechen. Denken Sie allerdings daran, daß es letztendlich ihr Körper und ihr Arzt ist.

34. Wenn Ihre Frau darauf besteht, zur Entbindung nur eine Hebamme zu rufen, haben Sie das Recht, Ihrer medizinischen Besorgnis Ausdruck zu verleihen.

Ja, Gedanken vom Typ »Was wäre wenn ...« gehen Ihnen durch den Kopf, und obwohl Sie wissen, daß es sich um eine weit hergeholte Angst handelt, können Sie sich nicht vorstellen, was Sie tun würden, wenn Ihre Frau bei der Geburt sterben würde. (Sie wird es nicht tun.) Aber wahrscheinlich wollen Sie die gesamte Unterstützung der medizinischen Technologie in Bereitschaft wissen für den Fall, daß sie doch eingesetzt werden müßte. Völlig vernünftig. Also warum keinen Kompromiß eingehen? Lassen Sie ruhig zu, daß nur eine Hebamme bei der Entbindung dabei ist, jedoch sollte alles zumindest in einem speziellen Geburtsraum einer Klinik stattfinden. Wenn alles glatt geht, dann war es eine natürliche Geburt. Sollte Ihre Frau doch noch besondere medizinische Hilfe brauchen, so steht diese ein paar Zimmer weiter zur Verfügung.

35. Sprechen Sie mit Ihrer Frau darüber, ob ihr bisheriger Gynäkologe sie auch während ihrer Schwangerschaft als Frauenarzt betreuen soll.

Erinnern Sie ihre Frau daran, Freundinnen um Vorschläge zu bitten. Vielleicht hat sie sich keine Gedanken darüber gemacht, daß eine Ärztin wohl eher in der Lage ist, spezifische Schwangerschaftsprobleme nachzuempfinden. (Und vielleicht wäre es Ihnen auch lieber, wenn eine Frau die Routineuntersuchungen vornehmen würde.)

Meine Frau fand ihren Frauenarzt toll – bis zu ihrer Schwangerschaft. Da hörten sich seine Antworten plötzlich übermäßig klinisch an, wurden schwieriger zu verstehen und waren letztendlich beunruhigend. Nach Verlassen seiner Praxis sagte sie immer wieder: »Wenn er die Babys so liebt, warum redet er trotzdem von ihnen praktisch ausschließlich in Statistiken?«

Bei unserer zweiten Schwangerschaft sahen wir uns nach Alternativen um, und wir fanden schließlich eine Frauenärztin (ja, sie war selbst auch Mutter), die unsere Schwangerschaft viel mitfühlender begleitet hat.

6 DINGE, AN DIE SIE DENKEN SOLLTEN, WENN ES UM IHREN FRAUENARZT GEHT:

1. Er (oder sie) ist nicht Gott.
2. Obwohl der Arzt alles über Schwangerschaft weiß und Sie fast nichts, sind Sie doch für Ihre Frau wichtiger.
3. Lassen Sie sich nicht einschüchtern. Sie haben das Recht, Fragen zu stellen, egal wie dumm sie sich Ihrer Meinung nach anhören mögen.
4. Sie sollten nicht eifersüchtig sein, wenn ihr Frauenarzt ein Mann ist. Denken Sie daran, daß es gar nicht so faszinierend sein kann, den ganzen Tag lang eine Vagina nach der anderen zu begutachten. (Wenn es das wäre, würden alle Männer Frauenärzte sein wollen.)
5. Die Arbeitszeiten eines Frauenarztes sind unregelmäßiger als die eines Feuerwehrmannes, und er oder sie mag aus diesem Grund schon einmal müde oder ruppig sein.
6. Sie sollten sich nicht mit medizinischem Jargon zufrieden geben, wenn Sie Beratung oder eine Stellungnahme möchten. Fragen Sie (höflich) nach einer Übersetzung.

36. *Machen Sie sich mit den Routinevorgängen beim Besuch des Frauenarztes oder der Frauenärztin vertraut.*

Arztbesuche sind für die meisten Männer unangenehm, aber es kann noch beängstigender sein, bei der Untersuchung einer anderen Person dabeizusein. Sie werden sich weniger verunsichert fühlen, wenn Sie wissen, was eigentlich vor sich geht. Das sind die wichtigsten Untersuchungsschritte:

Bei jedem Besuch wird Ihre Frau gebeten, mit einem Plastikbecher auf die Toilette zu gehen (allein) und Wasser zu lassen. Dann – wenn Sie mit von der Partie sind – wird die Sprechstundenhilfe den Blutdruck Ihrer Frau messen (normalerweise bevor der Arzt hereinkommt). Manchmal wird sie Ihre Frau bitten, sich auf die Waage zu stellen. Ihre Frau haßt diesen Moment und beginnt, all die Big Macs zu bereuen, die sie immer dann verschlungen hat, wenn niemand zusah. Machen Sie jetzt keine Witze – der Sinn für Humor ist ihr in diesem Zusammenhang wahrscheinlich völlig abhanden gekommen.

Dann kommt der Arzt ins Sprechzimmer, schüttelt Ihnen die Hand, geht zu Ihrer Frau hinüber, stellt ihr ein paar Fragen, lächelt und beugt sich nach unten, um sie aus der Nähe zu inspizieren. Sie fühlen sich eigenartig und wissen nicht, wie Sie sich verhalten sollen.

Der Frauenarzt könnte Sie fragen, ob Sie auch einmal in Ihre Frau hineinsehen möchten (»Oh, nein, danke«, habe ich immer geantwortet). Wenn Ihre Frau Sie später fragt, warum Sie ein wenig merkwürdig reagiert haben, fragen Sie zurück, wie sie sich fühlen würde, wenn ein weiblicher Urologe sorgfältig *Ihre* Sexualorgane überprüfen würde, um zu sehen, ob auch alles in Ordnung sei. Und wie würde es ihr gefallen, der Urologin bei der Arbeit zuzusehen? Aber in Wirklichkeit ist die Arbeit des Arztes doch wohl eher klinisch als sexy. Sie werden überrascht sein, wie schnell er sich die Gummihandschuhe von den Fingern zieht, die Hände wäscht und Ihnen dann einen kurzen Abriß darüber gibt, was Ihre Frau bald empfinden wird.

Jetzt haben Sie Ihre große Chance: Fragen. Machen Sie sich vor dem Arztbesuch eine Liste, damit Sie nicht die wichtigsten Fragen vergessen. Stellen Sie all diejenigen Fragen, die Ihre Frau aus Scheu oder Bescheidenheit nicht stellt, und machen Sie sich keine Sorgen darüber, wieviel Zeit Sie dabei in Anspruch nehmen; er wird gut honoriert, und normalerweise ist es eine Freude für jeden Frauenarzt, einen zukünftigen Vater vor sich zu sehen, der die Schwangerschaft seiner Frau so intensiv miterlebt.

Küssen Sie Ihre Frau, sobald der Arzt das Sprechzimmer verläßt (während sie ihre Kleider wieder anzieht). Natürlich ist es eine Heldentat, daß Sie mitgekommen sind, also laufen Sie nicht sofort aus der Praxis. Sagen Sie ihr, wie froh Sie sind, daß alles in bester Ordnung ist.

37. Wenn Ihre Frau zu einem Frauenarzt geht (und nicht zu einer Ärztin), beschweren Sie sich nicht, wenn sie ihn ganz toll findet.

Sie muß an den Mann glauben. Selbst wenn sie ihn nicht toll findet, so hat sie doch große Ehrfurcht vor ihm. *Er weiß so viel! Er ist so intelligent und so stark! Er wird mit allen Schwierigkeiten fertig!* Spielen Sie die Rolle ihres Frauenarztes auf keinen Fall herunter. Meine Freundin Marina sagte mir dazu: »Wir sagen dem Frauenarzt Dinge, die wir noch nicht einmal dem Psychiater erzählen würden!« – »Was denn zum Beispiel?« fragte ich. Die Antwort kam als kalte Dusche. »Sachen über den Ehemann.« Sie fühlen sich unter Umständen ein wenig übergangen. Versuchen Sie, daran zu denken, daß der Frauenarzt schließlich dafür bezahlt wird, beruhigend, geduldig und wissend zu sein.

Ihre Aufgabe? Erleben Sie die Schwangerschaft aktiv mit, damit Ihre Frau nicht behaupten kann, ihr Frauenarzt wäre mehr an ihren Problemen interessiert als ihr eigener Mann.

38. Stellen Sie sich auf endlose Labortests ein.

Ihre Frau wird mehrmals während einer normalen Schwangerschaft mit Ultraschall untersucht werden. Sie liegt dann auf dem Rücken, und eine Sprechstundenhilfe reibt ihr ein kaltes

Gel auf den Bauch. Seien Sie ein Genie, und warnen Sie Ihre Frau vorher, oder noch besser, bitten Sie die Sprechstundenhilfe, das Gel zuerst in der Hand ein wenig anzuwärmen. Dann wird Ihre Frau Sie fragen, ob Sie aufgeregt sind. Selbst wenn Sie es nicht sind – selbst wenn Sie der modernen Technologie nur etwa soviel trauen wie den meisten Politikern –, die Antwort lautet: »Unglaublich!« (Es ist die einzige Antwort, die sie hören will.)

Schließlich wird dann ein knaufähnliches Gerät auf ihrem nackten Bauch hin und her geschoben, bis ein klares Bild auf dem kleinen Monitor nebenan auftaucht. Sie werden das Bild wahrscheinlich besser sehen können als Ihre Frau, aber Sie werden absolut nichts erkennen können (geben Sie dies auf keinen Fall zu, es würde Ihrer Frau das Herz brechen). Sie sollten verstehen, daß es sich um einen sehr bedeutenden Moment für sie handelt. Dieser Augenblick ist die Bestätigung dafür, daß sich all ihre Fünfzigmetersprints zur Toilette, ihre beginnenden Hämorrhoiden und die Extrakilos gelohnt haben. Sie wird staunen: »Oh ... er lutscht gerade am Daumen!« Oder sie wird sagen: »Schau mal, er strampelt gerade mit den Beinen!« (Wenn Ihre Frau das Geschlecht des Kindes noch nicht kennt, wird sie wahrscheinlich »er« sagen, weil sie an Sie erinnert wird.) Vielleicht lenkt Sie die kleine Zuschauerschaft von Sprechstundenhilfen ab, vergessen Sie jedoch nicht, nach Ausdrucken der Bilder Ihres Babys zu fragen. (Sie werden auf hauchdünnem Papier gedruckt.) Legen Sie diese Ausdrucke in ein Buch oder in Ihr Tagebuch, damit sie nicht sofort einrollen oder zerknittern. Wenn Sie wieder auf der Straße sind, zeigen Sie Ihre Begeisterung und kaufen Sie einen Bilderrahmen. Schenken Sie Ihrer Frau dann das gerahmte Bild zur Erinnerung. Dann nehmen Sie Ihre Frau in die Arme und sagen: »Es wird alles klappen. Du machst das wunderbar!« Das sind genau die Worte, die sie hören will.

Bei einem anderen Arztbesuch wird der Frauenarzt einen Schwangerschaftszuckertest vornehmen. Denken Sie daran: Sollte Ihre Frau diese Art von Diabetes bekommen, so handelt es sich fast immer um eine zeitlich begrenzte Erscheinung, die nach der Geburt verschwindet. Man wird ihr ein Röhrchen mit einer Lösung geben, die über Nacht im Kühlschrank gekühlt werden muß, damit sie nicht ganz so ekelhaft schmeckt. Am Morgen muß sie die Flüssigkeit etwa eine Stunde vor der Untersuchung trinken (aber langsam, bitte). Ihre Reaktion wird Sie an einen Mel-Brooks-Film erinnern. Das Zeug ist fürchterlich (meine Frau bat mich, meinen Finger einzutauchen und es zu probieren; es schmeckte so, wie Insektenspray riecht).

Wenn Winter ist, besorgen Sie weiße Narzissenzwiebeln.
Sie riechen phantastisch, sie sind zart und feminin, und Ihre Frau wird begeistert sein. Bei diesen Blumenzwiebeln kann fast nichts schiefgehen: Stecken Sie die Zwiebeln in Pflanzennährboden oder in eine Schale Wasser (sieht toll aus mit Glaskugeln auf dem Boden). Kaufen Sie eine größere Menge, und sehen Sie dann zu, wie Dutzende zusammen hochschießen und blühen. Selbst wenn die Nase Ihrer Frau zum Zeitpunkt der Blüte zu verstopft ist, um irgend etwas zu riechen, so wird sie doch von Ihrer Zärtlichkeit berauscht sein.

Es gibt noch eine Vielzahl anderer Tests und Untersuchungen, von denen die meisten auf der Basis von Blut- oder Urinuntersuchungen vorgenommen werden; all diese Untersuchungen können bei Ihnen recht merkwürdige Gefühle hervorrufen. Die Faustregel für alle Untersuchungen: Machen Sie sich erst dann Sorgen, wenn Sie einen Grund dafür haben. Auch wenn Sie einmal ein unerwünschtes Untersuchungsergebnis bekommen, bleiben Sie ruhig, und helfen Sie Ihrer Frau, ebenfalls ruhig zu bleiben. Denken Sie auch daran, daß Untersuchungsergebnisse manchmal nicht genau stimmen.

39. Melden Sie sich im Krankenhaus an, falls es nötig ist.

Das ist eine dieser kleinen Aufgaben, die ein großes Resultat haben. Für sie ist dies ein Beweis dafür, daß am Ende dieses Prozesses eine Geburt stattfinden wird – ein beruhigender Gedanke, insbesondere zu einem Zeitpunkt, da sie anfängt, sich zu fühlen, als ob die Schwangerschaft nie enden würde.

40. Bekommen Sie Ihr neues Geschlechtsleben in den Griff.

Schwangerschaft beginnt meistens im Bett – und die Wirkung bemerken Sie auch weiterhin im Bett, als eine Reihe von Schockwellen für Ihr Geschlechtsleben. Jeder Mann wird mit einer Vielzahl von sehr unterschiedlichen Gefühlen konfrontiert. Vielleicht fühlen Sie sich gestärkt durch den Beweis Ihrer Potenz und wollen Ihre Fähigkeiten wieder und wieder vorführen. Vielleicht fühlen Sie sich Ihrer Frau näher als je zuvor, und die körperliche Liebe ist dafür der (natürliche) Ausdruck. Aber Sie fragen sich vielleicht, ob Ihre Frau wirklich Lust hat oder ob sie Ihnen nur einen Gefallen tut.

Denken Sie daran, daß sie nun mehr an intimer Zärtlichkeit interessiert ist als an Verrücktheiten im Bett. Das heißt: kein wildes Stoßen, kein unkontrolliertes Herumwerfen (auch wenn sie früher eine Vorliebe dafür hatte). Natürlich sollten Sie auf ihre hochsensiblen Brustwarzen und ihre angeschwollenen Schamlippen Rücksicht nehmen, doch bedeutet dies auf keinen Fall, daß Sie keine neuen Territorien erforschen können.

Es gibt nichts Langweiligeres im Bett als Vorhersehbarkeit. Die meisten meiner Freunde antworteten auf die Frage nach ihrem größten Problem mit Schwangerschaftssex: »Zu *sachlich.*« Seien Sie kreativ, sorgen Sie für Abwechslung.

41. Bitte keine wilden Anfälle von Schwangerschaftssex.

Natürlich ist es nicht ganz einfach, immer wieder für Abwechslung zu sorgen. Ihre schwangere Frau hat wahrscheinlich kein Interesse daran, wilde Sexszenen mit Ihnen in der Umkleidekabine eines Kaufhauses oder auf dem weichen Moos einer Waldlichtung zu inszenieren. Sie ist ganz einfach nicht in dieser Stimmung – selbst wenn sie von solchen Variationen zu Anfang Ihrer Beziehung begeistert war. Sie werden sich Mühe geben müssen, damit es nicht immer wieder gleich ist.

Es gibt auch realistische Möglichkeiten, Variationen einzubringen. Gehen Sie in ein anderes Schlafzimmer. Tun Sie es im Wohnzimmer auf der Couch oder auf einem Sessel. Sehen Sie sich dabei im Spiegel zu. Treiben Sie es wie in Liebesromanen – auf dem Teppich oder vor dem Kaminfeuer.

Denken Sie daran, daß Ihre Frau vielleicht wieder so richtig verführt werden möchte. Tun Sie so, als ob es das erste Mal wäre – mit allem, was dazu gehört. Versetzen Sie sich in die Anfangszeit Ihrer Beziehung, als Sie sich noch gegenseitig auszogen und die Kleidungsstücke durchs Zimmer warfen, statt sie ordentlich aufzuhängen. Öffnen Sie Ihrer Frau die Hose, und schieben Sie Ihre Hand an die entscheidende Stelle. Ziehen Sie Ihre Frau aus, als ob Sie ein wertvolles Geschenk auspacken würden.

42. Neue und kreativere Berührungen.

Streicheln Sie die Füße Ihrer Frau, während sie Ihre Füße berührt, ausgestreckt auf den gegenüberliegenden Seiten des Sofas an einem sonnigen Nachmittag. Solche Berührungen schienen Ihnen und Ihrer Frau nicht besonders intim – bis zu diesem Zeitpunkt. In dieser Phase kann es erregender für sie sein, wenn Sie mit den Lippen über ihren Nacken streichen, während sie ein Buch liest – erregender als das wilde Herumfummeln zwischen den Bücherregalen der Unibibliothek, das ihr früher so gut gefiel.

43. Belügen Sie Ihre Frau, wenn sie danach fragt, ob ihr Hintern herunterhängt.

In unserer zweiten Schwangerschaft hatte ich die ganze Zeit auf diese Frage gelogen. Typisches Gespräch: »Hängt mein Hintern herunter?« – »Nein.« – »Wirklich nicht?« – »Nein.« – »Kein bißchen?« – »Nein.« – »Merkwürdig. Es fühlt sich an, als ob er immer mehr herunterhängen würde.« Dann zerstörte unsere damals dreijährige Tochter an einem Abend zur Badezeit sämtliche Illusionen. »Mama, du hast einen neuen Popo!« Meine Frau sah mich an und sagte: »Aber du hast gesagt ...!« »Sie vergleicht deinen Hintern mit dem von Grace Jones.« – »Dummes Zeug!« – »Ist aber wahr ...« Und so weiter und so weiter.

Geben Sie bei diesem Thema niemals nach. Ihre Frau glaubt vielleicht, daß sie die Wahrheit hören möchte, aber in Wirklichkeit hat sie kein Interesse daran. (Außerdem wird in Kürze der Normalzustand wieder hergestellt sein.)

**9 GRÜNDE
FÜR DIE SCHWANGERSCHAFTSÜBUNGEN IHRER FRAU:**

1. Nur so kann sie verhindern, daß ihr Hintern (zu sehr) herunterhängt.
2. Bei all den Hormonen in ihrem Blut wird sie sicherlich ganz besonders auf ihre Gesundheit achten wollen. (Ansonsten ... Ehekrise! Alarmsirenen!)
3. Schwangere Frauen sehen im Gymnastik-Dress sexy aus.
4. Sie versprechen, mit ihr zur Gymnastik zu gehen (was sie toll finden wird, insbesondere wenn sonst keine Männer teilnehmen).
5. Die mentale Abhärtung, die man braucht, um eine langweilige und anstrengende Gymnastikübung durchzustehen, ist hilfreich beim Aufbau der mentalen Abhärtung, die bei den Wehen zum Pressen gebraucht wird. (Außerdem sind die Wehen für Frauen, die fit sind, viel einfacher.)
6. Das während der Schwangerschaft angesetzte zusätzliche Gewicht kann schneller wieder abgebaut werden, wenn sie ihren Körper durch regelmäßige Gymnastik zum schnellen Verbrennen von Kalorien zwingt.
7. Sport und Gymnastik reduzieren den Hunger. Vielleicht (wenn sie Glück hat) wird sogar die morgendliche Übelkeit verringert.
8. In ihrem jetzigen flexibleren Zustand wird sie Spagate machen, die Sie an sechzehnjährige russische Sportlerinnen bei den Olympischen Spielen erinnern werden.
9. Wenn sie ihre Muskeln nicht zu Pudding werden läßt, wird sie ein besseres Bild von sich selbst haben, was zu mehr Sex führt, was Sie glücklicher macht, was zu einem glücklicheren Kind führt, was bedeutet, daß Ihr Kind bessere Noten haben wird und an den besten Universitaten zugelassen werden wird und einen tollen Job haben wird und für Ihre frühzeitige Pensionierung zahlen wird.

44. Es ist nie zu früh für Ihre Frau (und für Sie), mit den richtigen Schwangerschaftsübungen anzufangen.

Sie sollte den gesunden Menschenverstand benutzen: kein intensives Aerobic oder Sportarten, die Verletzungsrisiken mit sich bringen. Wenn der Arzt ihr das Ski fahren erlaubt, so sollten Sie darauf achten, daß sie nicht gerade auf den steilsten oder vereisten Pisten ins Tal saust.

Vor allen sportlichen Betätigungen sollte Ihre Frau den Frauenarzt fragen, welche Übungen und Aktivitäten gut für sie sind und welche nicht. Wahrscheinlich kennt ihr Fitneß-Trainer Ersatzübungen, die für schwangere Frauen besser geeignet sind. Ansonsten sollten Sie ihrer Frau helfen, ein Fitneßcenter zu finden, wo man besser auf die Bedürfnisse von Schwangeren eingestellt ist.

Erinnern Sie Ihre Frau daran, rechtzeitig aufzuhören. Es ist jetzt nicht der Zeitpunkt, sich bis an die Grenzen der körperlichen Leistungsfähigkeit zu verausgaben. Sie sollte immer Wasser dabei haben, um vor und nach dem Training ausgiebig zu trinken.

Auch Sie sollten jetzt ernsthaft daran denken, sich regelmäßig körperlich zu betätigen. Gehen Sie mindestens dreimal in der Woche ins Fitneßcenter. An den anderen Tagen sollten Sie ebenfalls etwas für einen beschleunigten Puls tun – und wenn es nur ein guter Spaziergang ist.

45. *Wenn Sie auf Ihre Waage herunterstarren und es nicht glauben können, wo die Anzeige stehengeblieben ist, so sollten Sie nicht meinen, daß Sie allein auf der Welt sind.*

Mir ist es genauso ergangen ... Bei unserer ersten Schwangerschaft sorgte ich mich bei jedem Tritt, aber auch bei jedem Ausbleiben von Bewegung. Der kleinste Schmerz meiner Frau beunruhigte mich, und ich quälte mich mit Gedanken daran, was alles schief gehen könnte. Meine automatische Reaktion auf jede dieser Krisen war einfach: Ich ging forschen Schrittes zum Kühlschrank, starrte in sein schneeweißes Inneres auf der Suche nach einer Antwort und schnappte mir die am nächsten liegende Kalorienbombe, um sie mir in den Mund zu stopfen.

Der unkontrollierbare Hunger meiner Frau traf mich völlig unvorbereitet. Beispielsweise saßen wir schon im Taxi auf dem Weg zu einem Abendessen bei Freunden, und plötzlich bettelte sie, daß sie unbedingt sofort ein Sandwich mit Käse und Schinken auf Roggenbrot mit schwarzen Oliven und Mayonnaise und einer Prise Salz brauche. »Wir sind doch in zehn Minuten da«, sagte ich. »Und wenn es bei denen erst noch Cocktails gibt?« wandte sie ein. »Dann können es dreißig oder vierzig Minuten werden. Vielleicht eine Stunde. Tut mir leid, aber ...« Ich bat den Taxifahrer, am nächsten Laden anzuhalten, sprang heraus, kam zurückgelaufen, gab ihr das Sandwich, und an der nächsten Ampel hatte sie es genau zur Hälfte verschlungen. Dann fiel sie schuldbewußt in ihren Sitz zurück und gab mir mit schlaffer Hand den Rest: »Ich will es nicht mehr sehen.« Also machte ich mich hilfreich über die andere Hälfte her.

Das Resultat war unvermeidbar. Im ersten Schwangerschaftsdrittel hatte ich Mühe, meine Hose zuzuknöpfen, im zweiten Drittel schaffte ich es gar nicht mehr, und im letzten

Drittel fehlten sogar fünf Zentimeter oder mehr. Ich begann, von elastischen Hosenbünden zu träumen. Meine Wangen, die mit denen eines Barockengels Ähnlichkeit bekamen, saugte ich bei jedem Foto nach innen. Meine Frau hatte etwa zwanzig Kilo zugenommen – etwas reichlich, wie ihr Frauenarzt feststellte, aber nichts Außergewöhnliches. Wieviel hatte ich zugenommen? Ich hatte nicht mehr mitgezählt, nachdem der Gang zur Waage zu deprimierend für mich geworden war.

Sechs Tage nach der Geburt unserer Tochter hatte meine Frau bereits fünfzehn Kilo verloren; ich hatte noch ein paar Kilo angesetzt. Bei der Taufe bewunderten viele Gäste die schlanke Linie meiner Frau. Sie trug einen dunkelblauen Hosenanzug, der neun Monate lang aus ihrer Garderobe verbannt gewesen war, ihr nun aber wieder wie angegossen paßte. Einer der Gäste kam auf mich zu, stieß sein Champagnerglas an mein Glas und brüllte: »Auf *deinen* Schwangerschaftsbauch!« – »Danke für die Blumen«, murmelte ich. Mein Ego war genügend angekratzt, so daß ich mir schwor, das gesamte überflüssige Gewicht wieder abzuhungern und abzutrainieren.

Ich sprintete gegen den Wind, ich machte Liegestütze in der Sauna, ich rannte die Treppen herauf und hinunter. Es dauerte ein Jahr, bis mir die Hosen von der Zeit vor der Schwangerschaft wieder paßten. Zweieinhalb Jahre später, zu Beginn unserer zweiten Schwangerschaft, erklärte ich deshalb fest entschlossen, daß ich nie wieder in der schneeweißen Tiefe des Kühlschranks Zuflucht suchen würde. Ich hörte auf, meinen Teller ein zweites Mal zu füllen. Um Kalorienbomben machte ich einen weiten Bogen.

Als unser Sohn geboren wurde, sagten alle, daß er ganz auf mich herauskomme. Damit meinten sie einen schlanken, ranken Athletenkörper ... ganz wie der Vater.

46. Wenn Sie keine Zeit für Fitneßtraining haben, springen Sie Seil.

Es ist phantastisch, um die Muskeln zu stärken, um Herz und Kreislauf in Schwung zu bringen und um sich fit zu halten. Am besten dabei ist, daß Sie in wenigen Minuten ein echtes Training absolvieren können. Sie können diverse Variationen ausprobieren: kurzes, flaches Hüpfen oder auch richtig hohe Sprünge. Wenn Sie einmal so weit sind, daß Sie (mit kurzen Verschnaufpausen) zwanzig Minuten am Stück Seil springen, werden Fußgänger anhalten, um Ihnen zuzusehen. Die Fußgänger werden sich fragen, ob Sie ein Boxer beim Training sind, und Sie werden solche Mutmaßungen toll finden.

47. Freuen Sie sich über die hormonell bedingten Verrücktheiten Ihrer Frau.

Verfallen Sie nicht in das Klischee des Ehemannes, der die Augen verdreht, sobald seine Frau in eine der typischen hormongesteuerten Stimmungen verfällt. Statt dessen achten Sie auf das Positive, wie ich es tat, als eine Fernsehwerbung für Ferngespräche mir eine ganz neue Seite meiner Frau zeigte. In diesem Werbespot bekommt die Mutter, die mit feuchten Augen in ihrem Haus inmitten von Kornfeldern sitzt, plötzlich einen Anruf von ihrer Tochter, die sich trotz Karrierestreß und engem Terminplan großzügigerweise die Zeit genommen hat, mit ihrer Mutter zu sprechen. Der Mutter stehen die Tränen in den Augen, sie ruft den alten Vater herbei, damit er sich an sie lehne; er schlurft zu ihr herüber, legt sein glückliches Haupt an die Schulter seiner Frau, und sie wiegen sich in elterlichem Stolz. *Nehmen Sie Kontakt auf, berühren Sie jemanden.* Diese Botschaft schaffte es eindeutig, zu meiner Frau Kontakt aufzunehmen und sie zu berühren: Wir werden alle sterben, also vergiß deine pubertären Ängste, hör auf, ein Geizhals zu sein, und gib ein paar Groschen aus, bevor deine Eltern unter der Erde liegen.

Meine Frau brach in Schluchzen aus, die Tränen liefen ihr über die Wangen, sie hielt die Hände vors Gesicht, sie atmete schwer. Trotz meiner Bemühungen, sie erst einmal zu beruhigen, mußte sie sofort ans Telefon, um alle Menschen anzurufen, die ihr in irgendeiner Weise etwas bedeuteten. (Die andere Botschaft: während eines Babybooms unbedingt in Telekommunikationsaktien investieren.)

Später war meine Frau verlegen, weil sie sich so hatte gehenlassen. Andererseits war ich dankbar dafür, daß mir einen Blick ins tiefste Innere ihrer Seele gewährt worden war. Wir waren einander nähergekommen (und meine Frau hatte mit allen Verwandten, Freunden und Bekannten Kontakt aufgenommen, dank hilfreicher Unterstützung der Telefongesellschaft).

48. Auch Männer haben hormonell bedingte Stimmungsschwankungen (zumindest in Ihrer Vorstellung).

Liegt es nur daran, daß Sie mit dem Hormonhaushalt Ihrer Frau sympathisieren, oder verändert sich tatsächlich Ihr Körper ebenfalls? Wer weiß (und ist das wichtig für Sie)? Aber es ist eine Tatsache: Auch Männer werden während der Schwangerschaft merkwürdig, sie haben Hochs und Tiefs in ihrem Gefühlsleben, Gedächtnisstörungen und Stimmungswechsel in einer Schnelligkeit, bei denen jedem Beobachter schwindelig werden kann. Akzeptieren Sie diese Tatsache, und versichern Sie sich in dieser Zeit jedesmal genau, ob Sie nun wirklich die Schlüssel und die Brieftasche dabei haben, wenn Sie aus dem Haus gehen. Stellen Sie den Ofen aus, und legen Sie einen Gang ein, wenn Sie Ihren Wagen an einem Berg parken.

49. Sie sollten wissen, wann es an der Zeit ist, Ihre hormonell aus dem Gleichgewicht geratene Frau sanft zu bremsen.

Eine schwangere Freundin brach in Tränen aus, als ihr in einem Restaurant beim Sonntagsfrühstück statt Spiegeleier ein Omelette gebracht wurde. In ihrem merkwürdigen hormongesteuerten Zustand war dies eine Katastrophe ersten Ranges: Sie schluchzte regelrecht ins Tischtuch. Außer sich vor Wut sprang ihr Ehemann auf und attackierte im Sturmschritt die Kellner, in einer Weise, die baldigen Nahkampf erwarten ließ. »Können Sie nicht sehen, daß sich meine Frau fürchterlich aufregt?! Sie hatte Spiegeleier bestellt, und dann kommen Sie und bringen ihr etwas ganz anderes!«

»Beruhigen Sie sich doch bitte. Wir werden das sofort richtigstellen …«

»Ich weiß nicht, ob das ausreicht! Sehen Sie zu, daß Sie sofort die Spiegeleier bringen, sonst können Sie was erleben!«

Als unsere Freundin Wochen später diesen Vorfall erzählte, bemerkte sie dazu: »Mein armer Mann. Er wußte einfach nicht, was er tun sollte, als ich so aufgelöst war …« Also, lassen Sie sich nicht völlig mitreißen von den hormonellen Schwankungen ihrer Frau; helfen Sie ihr dabei, den Unterschied zwischen einer echten Katastrophe und einem Teller Spiegeleier zu erkennen.

50. Schreiben Sie Ihrer Frau kleine Liebeserklärungen, und verteilen Sie diese in der ganzen Wohnung.

Denken Sie einmal an Ihre erste richtige Freundin zurück, dann werden Sie wieder wissen, wie ich es meine. Oder schreiben Sie einen richtigen Liebesbrief. Wenn Sie nicht wissen, was

Sie schreiben sollen, fangen Sie einfach mit den Worten an *Die Momente, die ich geliebt habe …* Schreiben Sie diese Worte oben auf die Seite, und dann legen Sie los; mit einer Mischung aus Gefühl und Erotik werden Sie genau den richtigen Ton treffen. Schreiben Sie einige sinnliche Einzelheiten auf. Seien Sie zärtlich. Beschreiben Sie die Erinnerungen an Kleinigkeiten, die Ihnen etwas bedeutet haben – besonders solche, die Ihre Frau wiedererkennen wird, die sie aber vielleicht vergessen hatte.

Als ich das erste Mal einen solchen Brief an meine schwangere Frau geschrieben hatte, fiel sie mir um den Hals und weinte vor Freude und mußte den Brief immer wieder lesen. Ich habe ihr weiterhin solche Briefe geschrieben – nicht nur für sie, sondern auch weil sie mir helfen, einen Augenblick zu verweilen und zu überlegen, was in unserem gemeinsamen Leben am schönsten ist. Inzwischen bewahrt meine Frau diese Briefe sorgfältig in einer besonderen Schachtel auf. Manchmal, wenn wir uns streiten (und wer tut das nicht ab und zu?), lese ich noch einmal einen meiner Briefe und stelle fest, wie nichtig und unbedeutend eigentlich unsere Differenzen sind.

51. Seien Sie vorsichtig bei der Auswahl der Filme, die Sie mit Ihrer Frau sehen.

Natürlich gibt es keine logische Erklärung, aber wenn Sie sich einmal vorstellen, daß Ihr Baby die Filme mit Ihnen ansieht, dann bekommen Sie eine Vorstellung davon, wie Ihre Frau reagieren könnte. Kein wildes Blutvergießen, oder sie wird aus dem Kino laufen. Lieber der nackte Popo eines Babys auf der Leinwand als der verwundete Hintern eines Soldaten im Einsatz. Tragen Sie Gummistiefel, wenn Sie Ihre Frau in ein Tränendrama mitnehmen. Sie ist besonders sensibel bei Filmen, deren

Themen in irgendeiner Weise die verschiedenen Lebenszyklen ansprechen. Egal was Sie sonst noch unternehmen, sehen Sie sich in dieser Phase auf keinen Fall Zeichentrickfilme von Walt Disney an – es dauert nicht mehr lange, dann werden Sie um diese Filme nicht mehr herumkommen. Es wird dann Disneyfilme im Fernsehen geben, Disneylieder auf der Stereoanlage im Auto, Disneybücher in Ihrem Bücherschrank, Disneyspielzeug aus Plastik in Ihrer Badewanne, auf Ihren Betten, in Ihrem Aktenkoffer – und dazu noch Disneyunterwäsche, Disneysocken, Disneyhemden und Disneyshorts an Ihrem Kind.

52. *Heulen Sie zusammen mit Ihrer Frau im Kino, bei Babywerbung, beim Betrachten der Fotos Ihrer Frau als Baby und der Fotos von Ihnen als Baby (die bisher gut versteckt in einem Schuhkarton geruht hatten).*

Frauen finden es faszinierend, wenn ein Mann seine Gefühle zeigt. Außerdem ist es ein gutes Training für den Kreißsaal, da Ihre Frau dann auch fragen könnte, warum Sie eigentlich überhaupt *keine* Tränen vergossen haben, als der Arzt Ihnen das kleine Bündel reichte. Nichts regt eine Frau mehr auf als die zurückgehaltenen Gefühle bei ihrem Mann. Lachen Sie niemals, wenn Ihnen eigentlich nach Weinen zumute ist. Strahlen Sie keinen falschen Optimismus aus, wenn Sie sich in Wirklichkeit vor lauter Sorgen umbringen. Ihre Frau wird Sie durchschauen.

53. *Wenn Sie weniger Sex haben, denken Sie an häufigere Massagen.*

Sie macht sich viele Gedanken, ihr Körper hat bereits riesige Veränderungen durchgemacht, und sie fängt an, an der Last zu tragen.

Massieren Sie abends Ihrer Frau den Nacken, die Schultern, die Arme, das Kreuz, die Hüften, die Schenkel und die Waden. Bevor sie dann in einen angenehmen Schlummer fällt, bitten Sie Ihre Frau, Ihnen die Schultern, die Kopfhaut oder, wenn Sie sexuellen Entzug verspüren, Ihr vernachlässigtes Organ zu reiben. Gehen Sie allerdings nicht immer davon aus, daß diese Massagen als Vorspiel zu verstehen sind. Manchmal sind sie es, manchmal nicht – und das ist auch in Ordnung so.

Sagen Sie niemals: »Ich bin zu müde, um dich zu massieren.« Es hat keinen Sinn.

---

54. Kaufen Sie mit Mandeln gefüllte rosa und blaue Bonbons – es ist eine italienische Tradition, die Glück bringen soll.

Packen Sie die Bonbons in einen Beutel, verschnüren Sie den Beutel und hängen Sie eine kurze Botschaft an Ihre Frau daran, auf der Sie das Datum vermerken, an dem Sie die Bonbons gekauft haben, ebenso wie Ihre Gedanken an das Baby zu diesem Zeitpunkt. Bewahren Sie den Beutel für die Erholung nach der Geburt auf. Ihre Frau wird von Ihrer Romantik begeistert sein. (Wenn es irgend etwas während der Schwangerschaft gibt, das Sie beide nötig haben, dann sind es solche Gesten der Zuneigung.)

55. Denken Sie daran, ein schlechter Start muß nicht bedeuten, daß Sie ein schlechter Vater sein werden.

Wenn Sie das Gefühl haben, bisher während der Schwangerschaft versagt zu haben, so glauben Sie deshalb nicht, daß Sie damit Ihr Schicksal für den Rest Ihrer Tage besiegelt haben. Es gibt einen ganz bestimmten Typ Vater – wir wollen ihn den 'Ich-glaube-es-erst-wenn-ich-es-sehe-Typ' nennen – , der sich kein Baby vorstellen kann, bis zu dem Zeitpunkt, an dem er seinen eigenen Sprößling im Kreißsaal wie James Brown schreien hört. Die Vaterschaft – ebenso wie die Ehe – basiert auf zweiten (und dritten, vierten, fünften ...) Chancen. Es gibt keinen perfekten Vater. Also: Entspannen Sie sich, wenn Sie zu Beginn geschlafen haben oder nur die falschen Dinge gesagt haben. Dann machen Sie einen ersten Schritt in die richtige Richtung, dann den nächsten und dann noch einen.

Das zweite Drittel

56. *Machen Sie sich startklar für die wildeste, sinnlichste und intensivste Zeit, die Sie und Ihre Frau seit Beginn der Schwangerschaft gehabt haben.*

Gut, vielleicht. Wenn Sie Glück haben, werden Sie sich wie ein Sultan mit einem Ein-Frauen-Harem fühlen. Die morgendliche Übelkeit Ihrer Frau ist wahrscheinlich genauso plötzlich verschwunden, wie sie begonnen hatte. Ihre Genitalien und ihre Brüste sind jetzt angeschwollen, und es kann ihr passieren, daß sie beim Gang über die Straße einen Orgasmus bekommt. Kein Wunder, daß Ihre Frau bei schnellen Spaziergängen schon einmal eine Pause einlegen muß, sich an einem Geländer festhält, die Augen schließt, sich wieder faßt und dann weitergeht, auf dem Weg in den nächsten orgasmischen Kilometer! (Nur Spaß ...) Aber schon das Durchqueren des Zimmers kann bei ihr einen scheinbar unstillbaren Appetit auf Sex stimulieren. Nach ihren Orgasmen meinen Sie vielleicht, Sie müßten Ihre Frau wieder auf den Teppich zurückholen; ihre Träume und die Ihrigen lassen Sie noch im Schlaf erröten ... und man sieht noch fast gar nichts! All dies läßt Sie vielleicht an die Schlafzimmerdecke starren und sich fragen: »Bin ich schon im Himmel?«

Nein, dies ist die Mitte der Schwangerschaft. Und das heißt, es erwarten Sie noch einige Strapazen auf Ihrer langen Reise. Dinge, die Sie nach diesen Ausbrüchen sexuellen Deliriums wieder ernüchtern werden. Wie üblich sollten Sie nach vorn sehen, den Bauch einziehen, einen Fuß vor den anderen setzen, Spaß haben, wenn es Spaß macht, und manchmal innehalten, um die richtigen Fragen zu stellen. Sie werden schon alles richtig machen.

57. Fahren Sie langsamer.

Müssen Sie denn wirklich hundertfünfzig Stundenkilometer fahren? Denken Sie daran, daß Sie versprochen haben, für Ihre Frau und das Baby da zu sein.

Ich habe von zukünftigen Vätern gehört, die ihre Motorräder verkauft haben oder das Bungeespringen oder Drachenfliegen aufgegeben haben. Alle hatten ein komisches Gefühl dabei, ihren persönlichen Nervenkitzel sein zu lassen. Die Lösung? Suchen Sie sich nicht ganz so gefährliche Aktivitäten, in die Sie auch Ihre Familie mit einbeziehen können: Kaufen Sie sich einen Jeep, ein Zelt für vier Personen (mit Moskitonetzen) und vielleicht ein Kanu. Verbannen Sie Abenteuer nicht aus Ihrem Leben – vielleicht sehen die nur etwas anders aus als bisher.

Es ist ein schwieriges Gleichgewicht, das Sie finden müssen – ein verantwortungsbewußter Familienvater zu sein und doch die männliche Identität zu bewahren. Reden Sie mit Ihrer Frau darüber, was Sie aufgeben werden (damit sie Ihnen auch dankbar dafür ist) und was Sie nicht aufgeben werden (damit Sie Ihr Selbstwertgefühl behalten). In Ordnung, die Nordwand des Mount Everest muß dann eben noch warten. Entwickeln Sie sich weiter, statt sich zu blockieren – Sie verstehen, was ich meine.

58. *Machen Sie sich nicht lustig über die kulinarischen Begierden Ihrer Frau.*

Ihre scheinbar primitiven Essensphantasien sind wie Insektenstiche zwischen ihren Schulterblättern – kratzen Sie die Stiche für sie. Diese Begierden sind vielleicht eine Kommunikationsmethode des Babys, mit der es sich der Mutter mitteilt: »Bodenkontrolle an Mutter, kannst du mich hören? Bitte melden, bitte melden. Wenn du mich hören kannst, iß große Mengen salzige Speisen. Kannst du mich hören? Salziges Essen in großen Mengen.« Wer weiß? Ihre Eßbegierden sorgen dafür, daß sie sich fühlt, als ob sie jetzt die Märchenschwangerschaft erleben würde, die sie sich damals in der Laube mit ihren zwölfjährigen Freundinnen vorgestellt hatte. Es liegt etwas Beruhigendes darin, mit Genugtuung festzustellen, daß der Körper Ihrer Frau offensichtlich auf Autopilot geschaltet hat. Wann haben Sie zum letzten Mal einfach der Natur vertraut?

59. *Sie sollten wissen, daß Ihre Frau wahrscheinlich enttäuscht ist, wenn man es ihr nicht gleich zu Anfang ansieht.*

Es scheint nicht wirklich zu sein, solange die Leute nicht *wissen*, daß sie schwanger ist. Sie freut sich auf den Tag, an dem ihr Bauch eine wandelnde Werbung für seinen Inhalt sein wird. Bisher bildet sie sich ein, daß Bekannte bei Festen darüber diskutieren, ob sie wohl ein wenig dicklich wird – oder ob sie ein Geheimnis verbirgt. In ihrem chaotischen Gefühlszustand wird sie schließlich ihre Paranoia zugeben, daß *alle* sich darü-

12 LETZTE HURRARUFE
FÜR SIE UND IHRE FRAU:

1. Schlafen Sie ganz, ganz lange. Werden Sie wach und schlafen Sie wieder ein. Schlafen Sie sich so richtig aus. (Nach Wunsch wiederholen.)
2. Bleiben Sie den ganzen Sonntag faul im Bett. Bestellen Sie sich Essen ins Haus. Verlassen Sie gar nicht erst das Bett.
3. Sehen Sie Ihre Lieblingsfilme ohne Unterbrechungen durch Zeichentrickfilme.
4. Schlafen Sie nackt. Stehen Sie auf, gehen Sie nackt in die Küche, machen Sie koffeinfreien Kaffee für sich und für Ihre Frau, gehen Sie nackt zurück zum Bett, setzen Sie sich nackt aufs Bett und trinken Sie ganz gemütlich – in aller Ruhe – Ihren Kaffee.
5. Schimpfen Sie, fluchen Sie, gebrauchen Sie Schimpfwörter.
6. Machen Sie es mit Ihrer Frau laut und stöhnend, ohne die Türen zu schließen. Sex auf dem Boden. Im Badezimmer.
7. Sagen Sie: »Wir gehen jetzt ins Kino.« Und dann gehen Sie zur Tür heraus – einfach so.
8. Schnappen Sie sich Ihre Zahnbürsten, steigen Sie ins Auto, fahren Sie in irgendeine Richtung und übernachten Sie in einem kleinen, idyllischen Gasthof, in dem Kinder unter vierzehn keinen Zutritt haben.
9. Lesen Sie einen Roman – einen Satz nach dem anderen, wobei Sie in aller Ruhe die Seiten umschlagen –, bis Ihnen das Buch in den Schoß fällt und Sie allmählich einschlafen.
10. Gehen Sie einkaufen, ohne Windeln, Lätzchen oder Babynahrung kaufen zu müssen.
11. Fahren Sie an McDonald's vorbei, ohne für ein Kindermenü und ein Plastikpüppchen anzuhalten.
12. Fahren Sie ins Ausland. Nur Sie beide, ganz allein.

ber den Kopf zerbrechen; es ist nun Ihre Aufgabe, laut zu sagen: »Es kann uns ganz egal sein, was *die* denken.«

60. Schreiben Sie die Details auf, oder Sie werden sie vergessen.

Staunen Sie nicht darüber, wie Sie es früher schafften, sich an alle Anrufe zu erinnern und sie auch zu beantworten? Mitten in der Schwangerschaft kann es Ihnen passieren, daß Sie Ihre Hausnummer, Ihre PIN-Nummer oder, noch schlimmer, den Geburtstag Ihrer Mutter vergessen. Legen Sie Notizblöcke neben alle Telefonapparate, und stecken Sie sich ein kleines Notizbuch in Ihre Jackentasche.

61. Wenn Sie Ihre Versicherungsunterlagen noch nicht organisiert haben, so sollten Sie es jetzt endlich tun.

Wenn Sie immer noch keinen Ordner für die Versicherungsbelege gekauft haben, machen Sie sich auf den Weg. Vertrödeln Sie diese Dinge nicht; bringen Sie Ordnung in Ihre Unterlagen. Schieben Sie diese Aufgabe nicht Ihrer Frau zu, es sei denn, sie besteht darauf, sich darum zu kümmern.

Erinnern Sie Ihre Frau daran,
ihnen auch mitzuteilen,
wenn es ihr gut geht, nicht nur,
wenn es ihr schlecht geht.

62. Seien Sie resolut.

Selbst wenn Ihre Frau bisher Freude daran hatte, Entscheidungen zu treffen, so könnte sie sich doch momentan überlastet fühlen und es vorziehen, daß Sie die Entscheidungen fällen. Vielleicht erwartet sie auch bereits die souveräne Haltung, die sie wahrscheinlich mit Vätern assoziiert. Bemühen Sie sich, Ihre Frau nicht zu enttäuschen.

63. Seien Sie wachsam in den Zeiten des höchsten Risikos einer Fehlgeburt.

Zwischen der siebten Woche und der elften, zwölften Woche sollten Sie dafür sorgen, daß Ihre Frau so wenig Streß wie irgend möglich hat. Halten Sie körperlichen und vor allem psychischen Streß von ihr fern, so weit es geht. (Aber sagen Sie ihr nichts davon.)

64. Zögern Sie nicht, wenn Ihre Frau Ihnen mitteilt, daß sie Sie beide zum Geburtsvorbereitungskurs angemeldet hat.

Tragen Sie die Termine in Ihren Kalender ein, und bemühen Sie sich später, keinen zu verpassen. Dieser Kurs wird Ihnen dabei helfen, sich besser auf Ihre Aufgaben bei den Wehen und der Geburt vorzubereiten.

65. Halten Sie die Plastikbecher immer im Auto bereit.

Die automatische Reaktion Ihrer Frau bei einer Autofahrt ist: »Halt mal kurz an, ich muß mal.« Ist es die Fahrbewegung? Fühlt sie sich eingeschlossen? Ist es ihr Körper, der dafür Sorge trägt, daß das Baby genug Durchblutung bekommt? Unglücklicherweise sind Toiletten an Landstraßen eher dünn gesät – es

6 REGELN FÜR AUTOFAHRTEN:

1. Halten Sie alle zwei Stunden an, damit sie sich ausstrecken und ein bißchen herumlaufen kann und damit ihre Durchblutung gefördert wird.
2. Achten Sie auf den Tank: Die nächste Tankstelle könnte weiter sein, als Ihnen lieb ist.
3. Nehmen Sie Proviant mit, damit Sie beide sich nicht mit Fast Food vollstopfen.
4. Seien Sie flexibel. Dies ist nicht der Moment für exakte Zeitplanungen.
5. Sie sollten immer Straßenkarten dabei haben; verlassen Sie sich allerdings beim Lesen dieser Karten nicht auf Ihre Frau (insbesondere wenn sie noch unter morgendlicher Übelkeit leidet und ihr beim Lesen im Auto schnell schwindelig wird).
6. Lassen Sie Ihre Frau ein Nickerchen machen, aber wenn Sie selbst müde werden, halten Sie an, um eine Pause zu machen.

gibt nur sehr wenige, der Abstand von einer zur anderen ist zu groß, und die meisten sind nicht zumutbar.

Wenn Ihre schwangere Frau Wasser lassen muß, dann muß sie es *in genau diesem Moment*! (Nicht etwa zehn Kilometer weiter.) Halten Sie an, und sie wird sich dankbar neben die Beifahrertür hocken und einen Plastikbecher benutzen.

66. *Wenn Sie fliegen, erkundigen Sie sich telefonisch nach Verspätungen und Wetterbedingungen, bevor Sie sich auf den Weg zum Flughafen machen.*

Natürlich, wenn der Arzt Ihnen grünes Licht gegeben hat, dann ist das zweite Schwangerschaftsdrittel ein hervorragender Zeitpunkt für eine Flugreise – aber nur, wenn der Flug nicht zu stürmisch ist. Wenn der Wetterbericht Stürme voraussagt, fliegen Sie nicht. Ich wiederhole: Fliegen Sie nicht! Verschieben Sie Ihren Flug, bis sich das Wetter gebessert hat. Als meine Frau im zweiten Schwangerschaftsdrittel war, erlebten wir während eines Fluges von Miami nach New York einen richtigen Sturm. Das Flugzeug vibrierte, hüpfte, schaukelte und schüttelte fast vier Stunden lang. Meine Beschützerinstinkte nahmen sonderbare Formen an; wenn es möglich gewesen wäre, meine Frau mit einem Fallschirm in Sicherheit zu bringen, so hätte ich es getan. Ich hielt ihren Bauch und sprach zu unserem ungeborenen Baby und betete und drückte auf den Rufknopf für die Flugbegleiter und versuchte, dem Piloten eine Nachricht zu übermitteln, daß er ganz einfach *sofort* auf dem nächsten Flughafen landen müsse oder den Sturm *sofort* weiträumig umfliegen müsse … und war es eigentlich nicht für alle offensichtlich, daß meine Frau schwanger war? Insgesamt machte ich alle Leute an Bord verrückt. Als wir schließlich aus dem Flugzeug stiegen, bedankte sich meine Frau bei mir für meine scheinbar grenzenlose Besorgnis. Dann aber fügte sie hinzu, daß sie hoffe, nie wieder so einen fürchterlichen Flug durchstehen zu müssen.

Sehen Sie sich vor, daß Ihnen nicht Ähnliches geschieht.

67. Verfassen Sie ein Testament.

Ich meine es ernst. Lesen Sie weiter – es ist wichtig. Selbst wenn Sie bereits ein Testament verfaßt haben, so ist Ihr Baby damit wahrscheinlich nicht komplett versorgt. Sollte Ihnen und Ihrer Frau etwas zustoßen und Sie hätten keine näheren Verwandten, so würden die Gerichte Ihr Erbe verwalten und einen Vormund für Ihr Kind bestimmen. Wenn Sie dieser Gedanke nicht motiviert, dann ist Ihnen nicht zu helfen!

Machen Sie jetzt das Testament, solange Sie Zeit für Abänderungen haben. Sie müssen sich dabei einer der schwierigsten elterlichen Aufgaben stellen: der Auswahl von »Ersatzeltern«.

Meine Frau und ich sind bei diesem Thema fast verrückt geworden. Wer würde unser Kind so lieben wie wir selbst? Unsere Eltern waren zu alt, und keines unserer Geschwister hatte eigene Kinder. Alle wohnten weit weg. Wir überlegten, ob wir einen Freund als eventuellen Vormund einsetzen sollten, aber dieser Gedanke verursachte eine Reihe schlafloser Nächte, die wir damit verbrachten, sorgenvoll an die Zimmerdecke zu starren. Schließlich trafen wir die richtige Entscheidung: einen Verwandten.

Es ist eine schwerwiegende Verantwortung. Lassen Sie niemanden leichtfertig diese Entscheidung treffen. Im Falle einer Tragödie würden ihre Lebensumstände sich unwiderruflich verändern. Unter meinen Bekannten ist ein Ehepaar, das bei einem sonntäglichen Frühstück zustimmte, die Vormundschaft für die Kinder von Freunden im Notfall zu übernehmen. Sie hätten niemals damit gerechnet, zwei Teenager zu erben – aber genau dies geschah, nach zwei kurz aufeinander folgenden Tragödien. Mein Freund beklagte sich, daß seine Kernfamilie nie wieder so sein würde wie früher. Gerade als seine eigenen Kinder aus dem Haus gingen, hatten er und seine Frau plötzlich zwei weitere Halbwüchsige, die es zu erziehen galt.

Schieben Sie dieses Thema nicht einfach zur Seite; Sie sollten sich jetzt darum kümmern.

68. Bevor man Ihrer Frau die Schwangerschaft ansieht, müssen Sie vielleicht einer älteren Schwester oder einem älteren Bruder beibringen, daß demnächst ein charmanter Fremdling einziehen wird, der für die nächsten Jahre von allen Lebewesen in Ihrem Haus die allergrößte Aufmerksamkeit genießen wird, den Schlaf aller Familienmitglieder stören wird, Lebensmittel auf diverse Gegenstände werfen wird und auf alle sich in der Nähe befindlichen Schultern sabbern wird.

Wird es sie oder ihn stören? Natürlich. Eines Tages rannte unsere zu diesem Zeitpunkt dreijährige Tochter den Flur entlang, bremste plötzlich ab und fing an, vorsichtig auf Zehenspitzen weiterzugehen, die Augen dabei weit aufgerissen. »Was ist denn los?« fragte ich. »Ich kann nicht so schnell laufen. Ich habe ein Kaninchen in meinem Bauch.« Reizend, aber gleichzeitig auch ein Hilfeschrei: *Was passiert eigentlich genau in Mamas Bauch?* Ich ging zu ihr hin, nahm sie in die Arme und fragte sie, was sie denn von der Schwangerschaft hielte. Sie stieß hervor: »Wenn das Baby da ist, laßt Ihr mich dann allein?« Ich versicherte ihr, was alle Eltern versichern müssen: »Wir lieben dich genauso wie das neue Baby.« Seien Sie darauf vorbereitet, älteren Geschwistern klarmachen zu müssen, daß sie ungeachtet der Veränderungen in Ihrer Familie auch weiterhin der Liebe der Eltern sicher sein können.

69. *Erwarten Sie von älteren Geschwistern nicht, daß sie das Baby willkommen heißen.*

Zwei Wochen nach der Geburt seines zweiten Kindes sagte mein Freund R. W. zu mir: »Mein Sohn kann sich nur ganz langsam daran gewöhnen, daß er jetzt eine jüngere Schwester hat.« Genau. Und es wird nie wieder aufhören. Als unsere Tochter siebeneinhalb war und ihr Bruder drei, wurde sie wach und murmelte irritiert im Halbschlaf: »Warum bekommt er einen? *Warum bekommt er einen? Warum?*« – »Was für einen?« fragte ich, als sie die Augen öffnete. »Einen mehr. Er hat einen mehr bekommen und ich nicht!«

70. *Gewöhnen Sie sich an das neue Aussehen Ihrer Frau.*

Sie werden überall Veränderungen sehen: angefangen mit ihren Haaren (voller, dicker, weniger glänzend), ihrem Gesicht (rundlicher), ihren Lippen (ausgeprägter), ihrem Hintern (größer) bis zu ihren Genitalien (ausgeprägter, dunkler) und so weiter. Bei jedem Blick in den Spiegel sind ihr diese Veränderungen bewußt – es sind die tiefgreifendsten physischen Veränderungen, die sie seit der Zeit ihrer Pubertät durchmacht –, aber sie ist unsicher und kann sich nicht ganz davon überzeugen, daß diese Veränderungen zeitlich begrenzt sind. Wird sie ihr altes Gewicht je wieder zurückerlangen? Werden ihre Brüste jemals wieder so gut aussehen? Wird ihr Hintern nun für immer herunterhängen? Werden Schwangerschaftsmale ihren Bauch ruinieren? Werden Sie all diese Dinge sehen, es aber nicht zugeben? Wird sie jemals wieder Ihren Komplimenten trauen können? Das sind die Eitelkeitsfragen, die Ihrer Frau nicht nur mitten in der Nacht, sondern auch beim Anziehen oder beim Schminken keine Ruhe lassen.

10 FRAGEN, DIE SCHWANGERE FRAUEN STELLEN, UND DIE ANTWORTEN, DIE SIE HÖREN WOLLEN:

1. Hängt mein Hintern herunter? (»Nein.«)
2. Bin ich immer noch sexy? (»Ja.«)
3. Findest du mich auch so attraktiv wie die Lehrerin beim Geburtsvorbereitungskurs, von der alle sagen, sie sähe aus wie Sharon Stone? (»Noch attraktiver.«)
4. Ist Sex während der Schwangerschaft so wild, wie unser Sex immer war? (»Ja.«)
5. Ist Sex während der Schwangerschaft noch wilder, als unser Sex es jemals war? (»Ja.«)
6. Stört es dich in irgendeiner Weise, daß du demnächst meine Brüste mit dem Baby teilen mußt? (»Nein.«)
7. Machst du dir Sorgen, daß meine Vagina sich bei der Geburt weiten wird? (»Wer, ich?«)
8. Erinnere ich dich an andere Mütter? (»Natürlich nicht!«)
9. Stört es dich, daß meine Brüste nach der Geburt etwas hängen werden? (»Wen, mich?«)
10. Stört es dich, daß ich die ganze Aufmerksamkeit bekomme und du überhaupt keine? (»Natürlich nicht!«)

Machen Sie ihr häufig Komplimente, aber bleiben Sie auf dem Teppich. Meistens weiß eine Frau genau, wann sie gut aussieht und wann nicht. Das Problem ist, daß einige Frauen sich während ihrer Schwangerschaft einbilden, sie sähen *nie* gut aus. Lassen Sie bei Ihrer Frau auf keinen Fall den Glauben aufkommen, es wäre auch nur ein Funken Wahrheit an dieser Einbildung.

Wenn ihre Taille allmählich verschwindet, sie aber noch nicht schwanger aussieht, kann ihr Selbstbewußtsein Schaden nehmen. Sie ist keine Sexgöttin mehr, aber sie sieht auch noch nicht aus wie eine irdische Mutterfigur. Sie können ihr versichern, wie attraktiv sie ist, bis Sie blau im Gesicht werden, sie wird Ihnen vielleicht trotzdem nicht glauben. Geben Sie ihr das Gefühl, sexy zu sein. Nähern Sie sich ihr von hinten und küssen Sie ihren Nacken, oder seien Sie auf andere Weise zärtlich wie zu Zeiten Ihres ersten Flirts.

71. Helfen Sie Ihrer Frau, mit ihren wachsenden Brüsten klarzukommen.

Eines Tages wird sie vor dem Spiegel stehen, einen starren Blick auf ihre Brüste gerichtet. Sie wird sie einzeln in ihren Händen halten, ihr Gewicht ausprobieren und überlegen, wie sie sich anfühlen. »Was meinst du dazu?« wird sie sich an Sie wenden, und die einzig einfühlsame Antwort ist: »Was meinst *du* denn?« Wenn sie schon immer größere Brüste haben wollte, wird sie vielleicht vor Freude auf und ab hüpfen und dem Himmel dafür danken wollen, daß ihre wildesten Träume erfüllt wurden. Unglücklicherweise (wenn dies ihre Phantasie war) wird dieser Zustand wieder vorbeigehen – weshalb Sie niemals sagen dürfen, daß die Brüste Ihnen so besser gefallen. Wie würden Sie sich fühlen, wenn Ihr Penis zeitweise einige Zentimeter wachsen würde, und Ihre Frau würde Ihnen sagen, so fände sie es besser? Oder hätten Sie lieber, wenn sie sagen würde: »Das ist schon irgendwie interessant, aber eigentlich ist mir Deine normale Größe am liebsten.« Sollte sie ihre neuen Brüste allerdings heiß und innig lieben, unterstützen Sie sie dabei: Kaufen Sie ihr ein enganliegendes Oberteil, damit sie ihre neue Figur zur Schau stellen kann.

Wenn sie auf der anderen Seite schon immer Komplexe wegen ihrer großen Brüste hatte – sie haßte ihre Brüste beim

Sport, sie glaubte immer, daß Männer sie nur aus den falschen Gründen mochten, sie machte sich Sorgen, daß sie in dieser Größe irgendwie ungesund seien –, dann wird sie sich jetzt wahrscheinlich erst recht unwohl oder sogar depressiv fühlen.

72. *Sobald man Ihrer Frau die Schwangerschaft ansieht, sollten Sie ihr helfen, ihren Kleiderschrank neu zu sortieren. Lassen Sie die engen Klamotten verschwinden, die sie doch nur verärgern würden.*

Wenn Sie der Typ Ehemann sind, der keine Ahnung hat, was sich eigentlich in ihrem Kleiderschrank befindet, dann können Sie Ihre Frau gründlich überraschen mit dem Interesse, das Sie angeblich neuerdings für ihre Kleider haben. Sagen Sie ihr, sie solle die engen Jeans, Jacken, Blusen und Sweater, Gürtel und Büstenhalter woanders aufbewahren. Aus den Augen, aus dem Sinn. Diese Sachen werden wie alte Freunde erscheinen, wenn sie nach der Geburt wieder in den Kleiderschrank gehängt werden.

Nun ist es an der Zeit, ihren Kleiderschrank wieder aufzufüllen. Schnappen Sie sich einige Ihrer weiten Hemden, ein paar Pullover und einige extraweite T-Shirts, und überlassen Sie ihr diese Sachen für die Zeit der Schwangerschaft. (Ich habe mich sofort neu verliebt, als ich meine Frau in meinem alten T-Shirt erblickte, das ich immer zum Sport anhatte, dazu mit meiner Baseballmütze, verkehrt herum aufgesetzt.)

Wenn es Ihnen ohne sichtbare Ungeduld gelingt, gehen Sie mit ihr einkaufen. Machen Sie einen romantischen Ausflug aus dem Einkaufsbummel. Gehen Sie Mittagessen, und vergessen Sie auf keinen Fall, ihr zu sagen, wie phantastisch sie aussieht.

Der Großteil ihrer Garderobe wird aus Strumpfhosen und ähnlichen Kleidungsstücken bestehen. Sie dehnen sich um die

Hüften, sind in tollen Farben zu haben und sehen besonders gut aus in Kombination mit einem weiten Hemd, einem Sweater oder einer Sportjacke. Meiner Meinung nach sollten Sie um Läden und Boutiquen mit Umstandsmoden einen großen Bogen machen (die Designer versuchen allem Anschein nach, schwangere Frauen wie Babys im Alter von sechs Monaten zu kleiden). Aber belügen Sie Ihre Frau nicht dabei, was ihr steht und was nicht. Ein in die Strumpfhose gestecktes T-Shirt sieht nicht gerade vorteilhaft aus.

73. Lesen Sie ihr etwas vor.

Nein, nicht gerade Hölderlin, wenn Sie noch nie zuvor einen Gedichtband in die Hand genommen haben (sonst denkt sie, Sie wären jetzt völlig durchgedreht). Aber wie wäre es mit ein paar Seiten aus ihrem Lieblingsroman? Einige Frauen finden es traumhaft, wenn ihnen vorgelesen wird ... und gleiten dabei mit Vorliebe in reale Liebesabenteuer hinüber.

74. Vielleicht wissen Sie es noch nicht, aber Ihre Frau sagt in diesen Tagen zu ihren Freundinnen: »Ich bin fürchterlich geil. Ich will damit sagen, ich habe ununterbrochen Lust!«

Viele meiner weiblichen Bekannten und Freundinnen gebrauchten identische oder ähnliche Worte, um ihren sexuellen Appetit in der Mitte der Schwangerschaft zu beschreiben. Und fast immer fügten sie hinzu: »Und das Traurige dabei ist, daß mein Mann nicht den leisesten Schimmer davon hatte. Und er hat es deshalb natürlich auch nicht entsprechend ausgenutzt.« Die Moral der Geschichte blieb ungesagt: »Schade für ihn, wirklich schade für mich.«

Seien Sie also kein Narr; glauben Sie nicht, daß Ihre Frau zu einer Heiligen der Schwangerschaft geworden ist. Wenn sie ins Zimmer kommt, die Wangen gerötet, Feuer in den Augen, und Ihnen diesen ganz bestimmten Blick zuwirft, vergessen Sie, was Sie gerade tun wollten, und lassen Sie sich von der Magie des Augenblicks verführen.

75. Schaffen Sie die Stimmung für guten Sex.

Seien Sie kreativ, und erfinden Sie Zeit und Ort weit weg von den tagtäglichen Beschäftigungen und Schwangerschaftssorgen. Zünden Sie eine Kerze an, schalten Sie das Telefon ab. Wenn sie ihre Mutter oder den Frauenarzt erwähnt, sagen Sie ihr gutgelaunt, daß bestimmte Namen im Schlafzimmer verboten sind. (Und anders herum sollten Sie natürlich nicht von Ihrer Karriere oder von Bürointrigen anfangen – diese Themen wirken garantiert wie eine kalte Dusche auf Ihre Frau.) Genießen Sie den Augenblick, konzentrieren Sie sich, und vergessen Sie nicht, all die Schwangerschaftsbücher vom Bett zu entfernen.

Denken Sie daran, daß ihre Brüste wahrscheinlich viel empfindlicher sind; vielleicht kann sie ihre kräftige Hand kaum ertragen. Passen Sie sich an. Nicht beißen. Leichte und zärtliche Berührungen sind jetzt willkommen.

Vergessen Sie für die nächsten Monate die Missionarsstellung! Sie kann nicht gut auf dem Rücken liegen (das Baby drückt auf eine der Hauptarterien), und Sie können in dieser Stellung schlecht penetrieren. Finden Sie heraus, was Ihnen beiden am besten gefällt. Vielleicht wollen Sie es von hinten versuchen, aber seien Sie vorsichtig, bis Sie wissen, wie tief zu tief ist. Empfohlen wird auch immer wieder die Seitenstellung, bei der beide Partner auf der Seite liegen, Sie hinter Ihrer Frau.

Haben Sie keine Angst vor Experimenten. Versuchen Sie einmal, sich auf die (solide) Lehne eines Sessels zu setzen; dann

10 DINGE, VON DENEN MÄNNER NACH MEINUNG DER SCHWANGEREN FRAUEN KEINE AHNUNG HABEN:

1. Wie fett sie sich fühlen kann.
2. Wie müde sie sich fühlen kann.
3. Wie sehr sie es vermißt, wie ein Sexualobjekt behandelt zu werden.
4. Wie hungrig sie wird, wie schnell der Hunger kommt, wie schnell er wieder nachläßt, und wie schuldig sie sich danach fühlt.
5. Wie sehr sie sich vor der heranziehenden Entbindung fürchtet.
6. Wie viele Sorgen sie sich bei jedem Tritt, bei jedem Ziehen und bei jedem Fehlen von Bewegung in ihrem Bauch macht.
7. Wie es sich anfühlt, die Figur zu verlieren – sei es auch nur für einen begrenzten Zeitraum.
8. Wie ihre Schwangerschaft ihr Verhältnis zu ihrer Mutter geändert hat.
9. Wie schwierig es ist, diverse Dinge aufzugeben: Kaffee, Wein, Zigaretten …
10. Wie neidisch sie ist, wenn sie eine sexy Frau in einem hauteng anliegenden Kleid sieht.

bitten Sie Ihre Frau, sich auf Sie zu setzen. Eine Hebamme riet mir zu einem riesigen aufblasbaren Ball, so daß sich die Frau in den verschiedensten Stellungen wohler fühlt (ich dachte, *Auch das noch* – aber bitte, jeder nach seinem Geschmack).

76. Fühlen Sie sich nicht vernachlässigt, wenn sich das Scheinwerferlicht (dramatisch) auf Ihre Frau konzentriert.

Sie werden die folgende Erfahrung machen: Bei Ihrer Ankunft auf einem Fest stürzen alle Anwesenden auf Ihre schwangere Frau los. Dann hören Sie die Rufe der wohlmeinenden Freunde: »Du siehst ja phantastisch aus!« Sie würden sich gern als zweiter Hauptdarsteller fühlen und nicht in eine kleine Nebenrolle abgedrängt. Aber vergessen Sie nicht, daß Ihre Frau genau weiß, wie wichtig Sie bei Ihrem gemeinsamen Leben sind – und das allein zählt schließlich.

77. Pflegen Sie Ihren Selbstschutz-Instinkt während der Schwangerschaft Ihrer Frau.

Seien Sie nicht eifersüchtig auf sie, weil sie das Baby austrägt. Natürlich ist es für die Frau eine neunmonatige Unterbrechung des normalen Lebens, ein Kontakt mit Urinstinkten im Rhythmus der Natur. Es ist darüber hinaus die außergewöhnliche Erfahrung, ein anderes Leben in sich zu tragen. Hinzu kommt, daß schwangere Frauen überall willkommen geheißen und umsorgt werden. Völlig fremde Menschen bieten Hilfe, Orientierung und Ermutigung an – die schwangere Frau ist ein geschätztes Mitglied der Gesellschaft.

Wenn Sie bereits über fünfunddreißig sind, dann ist Ihr Leben wahrscheinlich inzwischen ein wenig langweilig und vorhersehbar geworden. Was können Sie also tun, damit Sie eine außergewöhnliche Erfahrung machen?

Während Ihre Frau zeigt, wozu sie in der Lage ist, sollten Sie selbst zu neuen Ufern aufbrechen. Überraschen Sie sich selbst. Beginnen Sie ein Projekt, bei dem Sie innerhalb der neunmonatigen Schwangerschaftszeit Resultate sehen können. Es wäre jetzt genau der richtige Zeitpunkt, sich einen alten Traum zu erfüllen. Spielen Sie mit ein paar Freunden die harten Rocklieder, die Ihnen schon lange im Kopf herumgehen. Bauen Sie ein Ruderboot. Malen Sie. Legen Sie einen Garten an. Lernen Sie Italienisch. Probieren Sie die thailändische Küche. Beginnen Sie mit der Glasbläserei. Haben Sie nicht gerade ein ähnliches Projekt im Hinterkopf? Sehen Sie sich die Kurse im Verzeichnis der Volkshochschule an. Träumen Sie! Egal welches – nehmen Sie ein Projekt während der kommenden neun Monate in Angriff.

78. Gehen Sie mit ihr schwimmen.

Nicht in tobenden Meereswogen – in einem Schwimmbad oder in einem ruhigen Gewässer. Das Baby wird es genießen. Machen Sie ihr ein Kompliment: Sagen Sie ihr, wie gut sie im Badeanzug aussieht. Machen Sie ein Foto.

79. Die Fruchtwasserpunktion ist angsteinflößend. Hierbei gibt es keine Entschuldigung für Sie, nicht bei Ihrer Frau zu sein (es sei denn, sie geht lieber allein oder mit einer Freundin).

Die Fruchtwasserpunktion oder Amniozentese ist eine Untersuchung, bei der eine außergewöhnlich lange Nadel in den Bauch der schwangeren Frau eingeführt wird, damit eine Probe des Fruchtwassers zur genetischen Analyse entnommen werden kann. Wie *toll*. Dabei gibt es eine Reihe erschreckender Aussichten: Sie könnte wegen der Nadel eine Fehlgeburt haben; Sie könnten in Ohnmacht fallen, wenn Sie die Nadel sehen; Sie könnten sich völlig hilflos fühlen, wenn ihr die Nadel heftige Schmerzen verursacht. Und natürlich könnte die Untersuchung auf eine Fehlbildung des Kindes hinweisen. Nicht gerade ein entspannter Augenblick. Klar, wenn sie jung und gesund ist, mag diese Untersuchung nicht nötig sein. Anderenfalls – also, lassen Sie mich meine Geschichte erzählen.

Ich hatte vorher noch nie etwas von der Fruchtwasserpunktion gehört, und meine Frau erwähnte die Untersuchung ganz nebenbei. »*Was* machen die?« fragte ich. »Die stecken dir eine Nadel in den *Bauch*? In die Nähe des *Babys*?« Wie Taxifahrer in New York sagen: *Vergisses!* Damals wurde es mir nicht bewußt, aber allein der Gedanke an diese Untersuchung hatte meine Beschützerinstinkte in Alarmstufe Eins versetzt. »Der Arzt wird es dir erklären«, sagte meine Frau. Toll, dachte ich – ihr charmanter, allwissender Schwangerschaftsmentor wird wieder einmal ihrem unfähigen, nervösen Ehemann mit Komplexen gegenüber Ärzten erklären müssen, worum es eigentlich geht.

Als er es mir dann in allzu lebhaften Details erklärte, fühlte ich mich

(a) verletzlich (den Launen der Natur und der Wissenschaft ausgesetzt),
(b) absolut nicht heldenhaft (wie sollte ich meine Hilfe anbieten, wenn meine eigenen Lippen am meisten zitterten?),
(c) ängstlich (bei all diesen Dingen, außer bei einem guten Untersuchungsergebnis), und
(d) ohne Vertrauen (Ärzten gegenüber). Natürlich waren das eine Menge Gefühle auf einmal, und mein Körper zeigte infolgedessen Anzeichen und Symptome einer baldigen Ohnmacht. Phantastisch, dachte ich, genau die Zutat, die mir noch für meine innere Gedankenmischung fehlte.

»Oh ...«, sagte ich und schnappte nach Luft. »Ich muß mal vor die Tür.« Bildete ich mir etwas ein, oder unterdrückte der charmante Frauenarzt Dr. Weiß-Alles ein Grinsen?

Im Wartezimmer fühlte ich die Blicke von einem halben Dutzend schwangeren Frauen auf mir ruhen. »Männer sind ja so zimperlich«, las ich in ihren Augen.

Ich atmete tief durch, warf die Schultern zurück und marschierte mutig wieder ins Behandlungszimmer des Arztes. Meine Frau legte ihre Hand auf meine Schulter und schüttelte den Kopf. »Mach dir keine Sorgen.« Ich wollte kein Mitleid! Ich wollte meine Frau durch die schwierigen Zeiten der Schwangerschaft tragen, ich wollte wie der Heilige Georg den flammenden Atem der Drachen auslöschen wie Zigarettenstummel auf dem Bürgersteig – statt dessen lief ich nur hinterher.

Am Tage der Untersuchung mußte ich im Wartezimmer sitzen und voller Haß auf mich selbst zusehen, wie meine Frau eine Literflasche Mineralwasser leer trank.

Dann schien alles zu verschwimmen: das Gel, das meiner Frau zur Vorbereitung der Ultraschalluntersuchung auf den Bauch gerieben wurde, das Hereinbringen der Nadel (ich hatte erwartet, sie würde auf einer Raketenabschußrampe hereingefahren), dann ein Zucken im Gesicht meiner Frau und ihr Pressen meiner Hand. Würde ich ohnmächtig werden? Ich begann einen größeren Verdrängungsprozeß. In meinem Kopf lief ein Actionfilm ab, in dem ich selbst die Regie führte. Ich sah mich die Nadel mit einem Karatekick aus der Hand des Arztes treten (*tschokk!*), meine Frau auf meine Arme schwingen (*hiijah!*), die Krankenschwester, die nach der Nadel gegriffen hatte, beiseite schieben (*phook!*), mit den Beinen meiner Frau den Weg freikämpfen (wie Dustin Hoffman mit dem Kreuz in der vorletzten Szene von *Die Reifeprüfung*), die Tür mit der Nadel zuschlagen (ebenfalls wie in *Die Reifeprüfung*), die Flure und Korridore entlangsprinten, zur Tür heraus, in den Bus, bis zu den letzten Sitzen hinten – dann würden wir uns, noch keuchend, anlächeln, ich als Dustin Hoffman, meine Frau als Katharine Ross. *Was zum Teufel sollte das denn jetzt?* fragte ich mich verwundert.

Zu diesem Zeitpunkt lobte der Arzt bereits die Klarheit des Fruchtwassers. Ich dankte dem Doktor und den Helferinnen, küßte meine Frau, nahm sie bei der Hand und sagte: »Laß uns machen, daß wir hier herauskommen.«

Zwei Wochen später erhielten wir die gute Nachricht: Mit unserem Baby war alles in Ordnung.

Na gut, dann habe ich eben beim ersten Mal zu heftig reagiert. Mein Ratschlag nach zweimaliger Erfahrung? Halten Sie die Hand Ihrer Frau, aber schauen Sie auf gar keinen Fall auf die lange Nadel, während sie in ihren Bauch gestochen wird. (Einige Dinge sollte man besser nicht im Gedächtnis haben.) Meiner Frau war es lieber, vor der langen Nadel eine leichte lokale Betäubung zu bekommen; dadurch wurde der Einstich weniger schmerzhaft. Wenn alles vorbei ist, umarmen Sie Ihre Frau und bringen Sie sie nach Hause. Bleiben Sie an diesem Nachmittag zu Hause. Ihre Frau ist unter Umständen ein wenig verstört. Oder vielleicht sind Sie ein wenig verstört. Sie wird Ihre Schulter zum Anlehnen brauchen. (Vielleicht brauchen Sie ihre Schulter, aber dies ist nicht der richtige Augenblick.)

80. Setzen Sie sich bei der Fruchtwasserpunktion in den richtigen Stuhl.

Setzen Sie sich auf keinen Fall auf den Arbeitshocker, der vielleicht im Behandlungszimmer steht. Er hat Rollen, einen winzigen Sitz, keine Rückenlehne, keine Armlehnen und ist zu hoch. Mit anderen Worten, es ist die falsche Sitzgelegenheit, wenn Sie wirklich umkippen sollten. Nehmen Sie sich die Zeit, einen richtigen Stuhl aus dem Nebenzimmer zu holen – einen Stuhl, der Sie auffängt, bevor Sie auf dem Boden landen.

81. Trainieren Sie, nicht ohnmächtig zu werden.

Atmen Sie tief durch, setzen Sie sich und nehmen Sie den Kopf zwischen die Knie. Denken Sie an etwas ganz anderes. Ich persönlich stelle mir am liebsten eine Szene aus dem Baseballspiel der Dodgers bei der World Series 1988 vor, als Kirk Gibson seinen dramatischen Homerun schaffte. Bei dieser Szene geht

---

Wie Sie auf die Fruchtwasserpunktion reagieren, hat nichts damit zu tun, wie Sie auf die Entbindung selbst reagieren werden. *Bei der Amniozentese geht es um Ihre größten Ängste – es könnte mit dem Baby etwas nicht stimmen –, und nach dem Resultat hängen Sie immer noch in der Luft (es ist eine wissenschaftliche Untersuchung, und wenn Sie nicht gerade Wissenschaftler sind, werden Sie nicht wirklich daran glauben, daß wissenschaftliche Daten und Ergebnisse definitiv sind). Selbst wenn die Fruchtwasserpunktion Ihnen zu schaffen gemacht hat, machen Sie sich keine Sorgen, daß Sie bei der Geburt wie ein Boxer ausgezählt werden (oder den Raum verlassen müssen).*

---

es um Mut, Glauben, Entschlossenheit, Furchtlosigkeit – genau die Eigenschaften, die Sie brauchen, um nicht ohnmächtig zu werden.

82. Weinalarm!

Viele Ärzte empfehlen Ihrer Frau, nach der Fruchtwasserpunktion ein Glas Wein zu trinken (um ihre Muskulatur zu entspannen), was Ihnen eine perfekte Entschuldigung liefert, den Rest der Flasche hinunterzugießen, nachdem Sie ihr ein Glas eingeschenkt haben. (Können Sie sich erinnern, jemals einen Schluck so nötig gehabt zu haben?) Besorgen Sie einen guten Wein – vielleicht einen etwas besseren als normalerweise –, gießen Sie ihr ein großes Glas ein, stoßen Sie mit ihr auf ihre Gesundheit und die des Babys an, und genießen Sie den Geschmack …

83. Versuchen Sie, weder einen Jungen noch ein Mädchen vorzuziehen.

In Ordnung, Sie werden sagen, daß jeder eine Vorliebe hat, daß Männer im geheimen einen Jungen wollen und Frauen tief im Herzen ein Mädchen wünschen. Es gibt diesen leicht unscharfen Traum, in dem Sie mit Ihrem Sohn im Garten Ball spielen, zu den Klängen von romantischer Orgelmusik, aber vergessen Sie nicht – Mädchen können auch Ball spielen. Für Ihre Frau gibt es den Traum, mit Puppen in dem Tiroler Puppenhaus zu spielen, das sie aufbewahrt hat, seit sie selbst ein kleines Mädchen war – aber Jungen spielen auch mit Puppen. Gut, es gibt noch die Weitergabe des Familiennamens – aber Ihre Tochter könnte als erwachsene Frau einen Namen mit Bindestrich benutzen oder, besser noch, zu dem Entschluß gelangen, daß Ihr Familienname zu glorreich ist, um ihn wegen des banalen Namens ihres Ehemannes aufzugeben (geben Sie es zu, genau so denken Sie bereits). Was noch? Das Familienunternehmen? Hier berufe ich mich auf Christy Heffner; wenn es ihr gelang, das Hochglanzmagazin voller nackter Schönheiten von Hugh Heffner zu übernehmen, so kann Ihre Tochter auch Ihre Sardinenfabrik übernehmen.

Ich war mir nie sicher, ob ich bei unserem ersten Baby einen Jungen vorgezogen hätte oder es mir nur einbildete, weil meine Frau mir wieder und wieder einhämmerte, daß das Kind in ihrem Bauch eine Inkarnation von mir sein werde, daß er auf Inline-Skates in einem alten T-Shirt, zerrissenen Jeans und mit verwaschener Baseballkappe durch die Gegend fahren würde. Dutzende von kleinen untersetzten Großmüttern hatten während der Schwangerschaft ihre Prognose bestätigt (in Restaurants, bei Familientreffen, beim Picknick im Park – überall). Nichtsdestotrotz habe ich mich Hals über Kopf in unsere kleine Tochter verliebt, und zwar in den ersten fünf Millisekunden nach ihrer Geburt.

Gut, jetzt noch ein wenig tiefgehende Ehrlichkeit: Wenn Sie schon eine Tochter haben und zwei Kinder wollen, dann ist es vielleicht ein wenig unrealistisch, sich beim zweiten Kind nicht einen Jungen zu wünschen. Richtig? Also ... richtig? Ja, ein Junge und ein Mädchen ... wie schon Louis Armstrong mit rauher Stimme verkündete: *Who could ask for anything more?* Aber mein Freund Ron, der sich während der ersten Schwangerschaft seiner Frau einen Sohn gewünscht hatte, stellte bei der Geburt seiner Tochter fest, daß er eigentlich immer eine bessere Beziehung zu Frauen hatte, und wünschte sich daraufhin (mit Erfolg) Töchter bei den beiden nächsten Schwangerschaften. Die einzig sichere Regel für die Vaterschaft: Sie werden sich selbst überraschen! Ununterbrochen.

84. Die älteren Geschwister könnten sich viele Gedanken darüber machen, ob ein Mädchen oder ein Junge kommt.

Seien Sie auf Unentschlossenheit gefaßt. Max, der kleine Sohn von Freunden, hatte eine klare Einstellung gegenüber dem bald kommenden Baby. Er verkündete: »Ich will einen Bruder, damit wir zusammen spielen können.« In der nächsten Woche sagte er: »Ich will eine Schwester, damit ich mein eigenes Zimmer bekomme.« Eine Woche später hieß es dann: »Ich will eine Bruderschwester, damit ich mein eigenes Zimmer bekomme *und* wir zusammen spielen können.« Das beweist nur, daß die Motive älterer Geschwister denen der übrigen Menschheit entsprechen: Vergnügen und Immobilien.

Unsere Tochter zögerte nicht im geringsten. Sie verkündete allen, die es hören wollten, daß sie bald eine kleine Schwester bekommen würde. Wir versuchten, sie davon zu überzeugen, daß das Leben voller Überraschungen ist, aber sie wollte nichts davon wissen. »Es ist eine Schwester«, sagte sie zu dem Verkäufer im Spielwarenladen, der meine Frau gefragt hatte, »Was soll es denn sein?« (als ob wir im Imbiß ein Sandwich bestellen wollten). Na gut ... als schließlich ihr kleiner Bruder eintraf, mußte sie sich erst einmal völlig umstellen.

85. Wenn Sie das Geschlecht Ihres Kindes vor der Geburt nicht wissen wollen, schreiben Sie VERRATEN SIE UNS NICHT DAS GESCHLECHT DES KINDES auf ein Namensschild.

Tragen Sie dieses Namensschild immer dann, wenn Sie sich in der Nähe eines Arztes, Labortechnikers oder Krankenhausangestellten befinden. Uns ist die folgende Geschichte passiert: Bei unserer ersten Schwangerschaft schrieb der Frauenarzt in die

Patientenkartei, daß wir von niemandem das Geschlecht des Kindes zu erfahren wünschten, und meine Frau und ich erinnerten alle Angestellten und Helferinnen an unseren Wunsch, es nicht zu wissen. Wir überstanden neun Monate, ohne es zu erfahren. Als unser Baby zwei Wochen überfällig war, machten wir einen Ultraschallstreßtest (es war alles in bester Ordnung). Wie immer sagten wir den Helferinnen Bescheid, sobald sie unseren Raum betraten, und wie immer grinste der Labortechniker wie eine Kater, der gerade einen Fisch verschlungen hatte. Wir waren schon an der Tür, als ich mich umdrehte und fragte: »So, und was können wir tun, damit dieses Baby endlich herauskommt?« Der Techniker antwortete: »Da es ein Mädchen ist, müssen Sie auf dem linken Bein dreimal gegen den Uhrzeigersinn im Kreis hüpfen.« Meine Kinnlade klappte herunter. Meine Frau und ich sahen einander an, als sei plötzlich bei uns die Luft abgelassen worden. »Was habe ich getan?« fragte er. »Habe ich was falsch gemacht? Ach, ja ... stimmt ja ...« – »Sie machen nur *Spaß*«, sagte ich mit starrem Blick zu dem Techniker. »Ich mache nur Spaß«, stimmte er hastig zu. »Er macht nur Spaß«, sagte ich zu meiner Frau. »Er macht nur Spaß«, sagte meine Frau zu mir. Aber wir wußten beide, daß er keinen Spaß gemacht hatte.

Aber bei all den Entscheidungen, die Sie bei Einkäufen von Kleidungsstücken, Fußballschuhen oder Barbiepuppen zu treffen haben, wollen Sie vielleicht vorher Bescheid wissen. Unsere Freundin Elisabeth sagte, der glücklichste Tag ihres Lebens sei gewesen, als sie erfuhr, daß ihre Zwillinge ein Junge und ein Mädchen waren.

Wenn Sie es wissen wollen, finden Sie es heraus. Wenn Sie es nicht wissen wollen, kümmern Sie sich darum, daß Sie es nicht ungewollt erfahren.

Bei unserer zweiten Schwangerschaft trugen wir unsere Schildchen mit der Aufschrift VERRATEN SIE UNS NICHT DAS GESCHLECHT DES KINDES überall hin, und wir waren beide sprachlos, als wir schließlich im Kreißsaal vernahmen: »Sie haben einen Jungen!«

86. *Es ist schwierig, wenn ein Partner das Geschlecht wissen möchte, der andere aber nicht.*

Mein Freund Robert wollte es nicht wissen; seine Frau Batina wollte Bescheid wissen. Seine Gründe waren Aberglaube und Was-wenn-etwas-Schlimmes-passiert. Batina rief den Arzt an und erfuhr, daß sie einen Jungen erwarteten, sagte aber kein Wort zu Robert. Monate später mußte sie ihre ganze Diplomatie aufwenden, um ein Geschenk von rosa Babykleidung mit Rüschen zurückzuweisen. Sie konnte sich auf diese Weise während der Schwangerschaft mit ihrem Baby identifizieren, und er bekam seine Überraschung.

87. *Erkennen Sie den Zeitpunkt, wann Ihre Frau ihre Gewichtszunahme nicht mehr als charmante Bestätigung ihrer Schwangerschaft empfindet.*

Es wird ziemlich abrupt kommen. Großalarm! Sie ist nicht mehr in romantischer Schwangerschaftsstimmung. Sie hat ihre Eitelkeit wieder. Das Problem dabei ist, daß ihr Körper nun sehr merkwürdige Reaktionen zeigt, wenn sie nicht eine der wenigen glücklichen Frauen ist, die Sport treiben können *und* fit bleiben. Alle möglichen Dinge, die Ihnen nie auffallen würden, stören sie mit einem Male: Das kleine Stückchen fette Haut an ihrem Ellbogen, ein kleines Pölsterchen unter ihrem Kinn, die Rückseiten ihrer Arme, der obere Teil ihrer Oberschenkel. Sie kneift sich in diese Körperteile, schüttelt sie und

7 METHODEN, WIE EIN ZUKÜNFTIGER VATER ERKENNT, DASS ER ZUGENOMMEN HAT:

1. Er findet Eiscreme verlockender als Sex.
2. Er schnappt sich das letzte Stück Schokoladentorte auf einem Kindergeburtstag, obwohl mehrere Kinder noch keine Torte bekommen haben.
3. Er kann seinen Hemdkragen nicht mehr zuknöpfen und benutzt seine Krawatte, um den Kragen zu schließen.
4. Er kauft sich nur noch schwarze Kleidung.
5. Er kauft sich ein Dutzend Rollkragenpullis (um die Fettpolster unter seinem Kinn zu verbergen).
6. Er fängt an, einen Schal zu tragen.
7. Er fängt an, Hosenträger statt Gürtel zu tragen (»Wirklich viel bequemer!«).

sagt: »Kannst du das glauben?« Ihre einzige Antwort ist: »Ich sehe überhaupt keinen Unterschied!«

Aber es gibt keinen Körperteil, der sie mehr stört als ihr Hinterteil. Was einmal festes Fleisch war, ist jetzt das Symbol fehlender Kontrolle: Es bewegt sich in alle denkbaren Richtungen, während sie doch nur in eine einzige Richtung geht. Auf merkwürdige Art und Weise – vielleicht weil sie sich verrenken muß, um es zu sehen – scheint es sie zu provozieren.

Sie werden ihr Komplimente machen müssen, vielleicht sogar Gehirnwäsche vornehmen müssen, damit sie die grundlegende Wahrheit begreift: Alles wird wieder wie früher. (Aber stimmt das wirklich? Wird wirklich alles wie früher? Mit Ihrer Hilfe, ja.)

In der Zwischenzeit sollten Sie wissen, wie Sie ihr dabei helfen, vorteilhafte Kleidung auszuwählen, wie zum Beispiel einen weiten dunkelblauen Blazer zu einem weißen T-Shirt und Strumpfhosen. Dann sollten Sie herausfinden, welche Übungen für den Hintern sie beide gefahrlos zu Hause machen können. (Keine Dehnungsübungen, bitte.) Auf diese Weise können Sie den Schaden minimieren und ihr Ego in heilem Zustand belassen.

88. Fragen Sie Ihre Frau nicht, ob Sie zunehmen.

Sie wird es Ihnen nicht sagen, weil sie glaubt, es wäre ihre Schuld. Sie wird sagen: »Ich liebe es, daß du gewichtiger sein kannst, ohne daß man es sieht.« (Du Athlet, du!) Oder: »Deine Schultern werden immer breiter.« (Du Holzfäller, du!) Oder: »Ich habe diese Hose immer schon gehaßt; ein Glück, daß sie dir nicht mehr paßt.« (Du Schlauberger, du!)

Sie findet es phantastisch, wenn Sie eine Familienpackung Eiscreme mit ihr verschlingen, denn dann fühlt sie sich nicht so gierig. Auf der anderen Seite haßt sie es, wenn Sie sich ein altes durchweichtes Sandwich aus dem Kühlschrank nehmen und es ausgehungert in sich hineinstopfen.

Richten Sie Ihre Gedanken neu aus: »Weniger ist mehr.« Meine Jugendliebe aus der Schulzeit verriet mir zwei Diätgeheimnisse, die seit Generationen in ihrer Familie weitervererbt wurden: Schneiden Sie ein Stück Pizza in acht kleine Stückchen, bilden Sie sich ein, daß die kleinen Stückchen richtige Stücke sind, und dann essen Sie die acht »Stücke« (nicht acht Stücke). Zum Schluß packen Sie sorgfältig alle Reste mit Plastikfolie zu quadratischen Päckchen – die Logik dabei ist, daß das Auspacken soviel Arbeit kosten würde, daß Sie sich nicht die Mühe machen und es lieber gleich lassen.

89. Ergreifen Sie Maßnahmen, damit die nasale Verstopfung (sprich: das Schnarchen) Ihrer Frau nicht Ihren Schlaf stört.

Meine Frau war immer eine sehr stille Person gewesen. Gleich zu Beginn beider Schwangerschaften bekam sie jedoch eine verstopfte Nase. Dieser Zustand hielt jedes Mal bis zum Kreißsaal an (bei verstopfter Nase geht nichts über eine Entbindung). Die Nächte brachten mich zur Verzweiflung: jeden Abend gab es eine neue Serenade aus schniefenden, schnüffelnden und schneuzenden Lauten. Sie verbrauchte jeweils ganze Pakete Papiertaschentücher.

Statt sich auf das Sofa im Wohnzimmer zurückzuziehen, versuchen Sie, den Kopf Ihrer Frau mit Kissen hochzustützen. Besorgen Sie zwei Paar Ohrenstöpsel, eins für sich und eins für Ihre Frau (meine Frau wurde häufig von ihrem eigenen Schnarchen auch wach). Lassen Sie Ihre Frau keine Medikamente nehmen, ohne vorher den Arzt zu konsultieren. Im Winter sollten Sie einen Luftbefeuchter ins Zimmer stellen, damit Ihrer Frau das Atmen leichter fällt. Im Sommer sollten Sie es mit einem Ventilator oder einer guten Klimaanlage versuchen. Diese neutralen Geräusche helfen dabei, die Schnarchgeräusche zu übertönen.

90. Bereiten Sie sich auf Bestechung und Feilschen von seiten Ihrer Frau vor.

Mein Freund Jonathan erzählte mir, daß es seiner Frau ganz besonders schwerfiel, nichts zu trinken, wenn sie gemeinsam essen gingen. Um es ihr zu erleichtern, trank er daraufhin bei diesen Gelegenheiten auch nicht mehr.

Dann bat ihn seine Frau eines Abends, sich doch bitte eine

Flasche Wein zu bestellen. »Ich will dir beim Trinken zusehen, sonst nichts.« Es hörte sich ein wenig pervers für ihn an, aber er gab nach. »Glaubst du, ich könnte wohl den Glasboden mit Wein bedecken?« fragte seine Frau. Er schenkte ihr zögernd ein wenig Wein ein. Aber dann fragte sie ihn nach mehr, und noch ein bißchen mehr, bis er schließlich sagen mußte: »Hör zu, ich will hier nicht den Oberlehrer spielen. Warum sprichst du nicht mit Deinem Frauenarzt darüber?«

91. Kaufen Sie Ihrer Frau eine Hängematte.

Sie wird den wachsenden Umfang ihres Körpers auffangen, und die Schaukelbewegung wird Ihre Frau und das Baby entspannen. Die besten Hängematten kommen von der Halbinsel Yucatan in Mexiko. Sie kosten nicht sehr viel und halten eine Ewigkeit. Vielleicht freut sich Ihre Frau, daß es endlich ein Bett gibt, daß die sich weitenden Formen ihres Körpers versteht und sich ihnen anpaßt. Wenn Sie die Hängematte im Haus aufhängen, wird sie unter Umständen in ihr wohnen. Oder versuchen Sie es auf dem Balkon oder unter einem schattigen Baum, wenn Sie nicht gerade in einer mückenverseuchten Gegend wohnen. Kaufen Sie eine Hängematte in Familiengröße, damit Sie sich ebenfalls hineinlegen können.

Nach der Geburt wird die Hängematte beim Stillen besonders nützlich sein – und dabei ein tolles Fotomotiv abgeben.

92. Gewöhnen Sie sich an eine deutliche Sprache.

Vielleicht ist Ihre Frau von ihrem sich ständig ändernden Körper dermaßen fasziniert, daß sie Ihnen beispielsweise genaueste Auskünfte über den Inhalt ihres Taschentuches gibt, nachdem sie sich damit die Nase geschneuzt hat. Sehen Sie ein, daß es sich dabei lediglich um den Anfang einer Serie von Gesprächen über Körperausscheidungen handelt, die bald in das Spiel münden, bei dem Sie genau beschreiben müssen, was Sie in der Ihnen vorliegenden Windel entdecken. Mit diesem Spiel werden Sie kurz nach der Geburt Ihres Kindes vertraut werden. Ja, Sie haben sich ein wenig von der erlesenen Sprache jener Zeit entfernt, da sie sich gerade kennengelernt hatten. In diesem Moment mag es Ihnen noch unmöglich erscheinen, daß Sie jemals so reden würden, aber bald werden Sie lernen, diese typischen Elterndialoge mit erstaunlicher Geschwindigkeit zu praktizieren. Denken Sie daran, Ihre Frau einmal in die Arme zu nehmen und mit ihr darüber zu lachen, wie weit Sie schon gekommen sind: Erinnern Sie sich noch an die Zeit, als es Ihnen nicht im Traum eingefallen wäre, in Gegenwart des Partner einen Furz zu lassen? Oder auf der Toilette zu sitzen, während der Partner am Waschbecken ist? Jetzt scheinen Ihre Horizonte grenzenlos! Keine Sorge – Sie sind nicht das erste Paar, das solche Schamgefühle verliert! Erstaunlicherweise werden Sie und Ihre Frau auch dann noch Lust aufeinander haben, wenn von den meisten Benimmregeln in Ihrer Beziehung nichts mehr zu spüren ist.

93. *Bereiten Sie sich darauf vor, auch einmal irrational zu reagieren.*

All diese wilden Gedanken, die Sie häufig als Kind hatten, könnten jetzt wieder zum Vorschein kommen. Als ich mit meiner schwangeren Frau in New York eine Straße entlang ging, wo gerade Sperrmüll auf dem Bürgersteig stand – dreibeinige Stühle und von Katzen zerfetzte Sofas –, erinnerte ich mich plötzlich daran, daß ich mich als Kind immer gefragt hatte, warum die ganze Welt eigentlich nicht den gesamten Müll in riesigen Plastikkugeln (von der Größe eines Fußballstadions) sammelte und diese Kugeln weit hinaus in den Weltraum schoß. Die Idee kam mir plötzlich völlig plausibel vor.

Über die zeitweilige hormonell bedingte Verrücktheit schwangerer Frauen ist schon viel geschrieben worden, nicht aber über uns Männer, die in eine Schwangerschaft verwickelt sind. Glauben Sie mir: Wir können auch ziemlich verrückt werden!

Das offensichtliche Problem hierbei ist, daß beim Zusammenleben zweier irrationaler schwangerer Personen einige recht ausgefallene Ideen als absolut normal durchgehen können. Denken Sie also noch einmal gründlich nach, bevor Sie sich gegenseitig in Ihrer Verrücktheit hochschaukeln.

94. Fangen Sie an, sich mit dem Baby zu verständigen.

Wahrscheinlich kommen Sie sich zunächst lächerlich vor: Ihre Frau liegt auf dem Rücken, und Sie sprechen auf die Wölbung ihres schwangeren Bauches ein. Können Sie wirklich glauben, daß Ihr Baby Sie hören kann? Was sagen Sie?

Die Antworten sind »Ja« und »Irgendwas«. Ihr Baby wird den Tonfall Ihrer Stimme hören, also sprechen Sie, worüber Sie wollen. Sie haben eine faszinierte Zuhörerschaft, und Sie werden mit Sicherheit nicht unterbrochen werden! Es ist nicht so wichtig, was Sie sagen, sondern vielmehr wie Sie es sagen. Sprechen Sie darüber, was Sie später einmal mit Ihrem Kind unternehmen möchten: im Park spazierengehen, Schlittschuh laufen, Bücher lesen, Kissenschlachten ausfechten, Fußball spielen. Lassen Sie Ihrer Phantasie freien Lauf! Und wenn Ihr Baby schließlich den Kopf in diese Welt steckt, dann wird Ihre Stimme ein Bindeglied zum Mutterbauch darstellen, eine beruhigende Verbindung. Außerdem hört Ihre Frau bei all diesen Reden zu und denkt, wie süß und romantisch Sie doch sind.

95. *Seien Sie sich darüber im klaren, daß Sie in einen Rausch von Beschützerinstinkten verfallen können (und Ihre Frau wird Sie deshalb lieben).*

Ich hatte mir Sorgen um das Baby gemacht, als meine Frau und ich zum Konzert der Rolling Stones gingen (in der Werbung wurde verkündet, es wäre endgültig die letzte Tour der Stones ... ja, ist schon gut). Ich schleppte ein paar Kissen mit – was den Sicherheitsbeamten Gelegenheit zu reichlich Gelächter gab – und hielt sie über den dicken Bauch meiner Frau, um den ohrenbetäubenden Lärm während des Konzerts ein wenig zu dämpfen. Ich muß wohl wie das Paradebeispiel eines besorgten Vaters ausgesehen haben, wie ich hinter meiner Frau stand, die Arme um sie geschlungen und die Kissen an sie gedrückt, aber es war tatsächlich so laut, daß wir kaum heraushören konnten, wann die letzten Akkorde von »Jumpin' Jack Flash« verklungen waren und wann »Midnight Rambler« angefangen hatte.

Wir standen in einem Meer begeisterter Fans, und wir fühlten uns völlig fehl am Platz. Ich schubste jeden weg, der uns zu nahe kam. Es war ungefähr so lustig, als ob ich mit meiner Frau während der Rush Hour einen Ausflug in einer überfüllten U-Bahn gemacht hätte. Schließlich standen wir auf und gingen, ich hinter meiner Frau, die Arme und die Kissen um ihren Bauch geschlungen, die Füße im Gleichschritt, und wir fühlten uns dabei verrückt und wunderbar schwanger.

96. Glauben Sie nicht, daß weitere Schwangerschaften so sein werden wie die erste Schwangerschaft.

Ihrer Frau und Ihnen wird alles viel weniger neu und aufregend erscheinen. Wahrscheinlich wird Ihre Frau einige Frauenarztbesuche allein machen, obwohl Sie bei der ersten Schwangerschaft jedesmal dabei waren. Vielleicht neigt Ihre Frau bei dieser Schwangerschaft viel mehr zu Müdigkeit, da sie wegen des älteren Kindes weniger Gelegenheit zu kurzen Schläfchen oder zu Ruhepausen hat. Sie werden feststellen, daß Ihre Frau nicht mehr so im Mittelpunkt steht wie bei der ersten Schwangerschaft, und es wird Sie beide ein wenig stören, wie wenig Aufmerksamkeit Ihnen von Freunden und Verwandten gewidmet wird.

Bei der zweiten Schwangerschaft ist es Ihre Aufgabe, mit dem älteren Kind Ausflüge zu unternehmen – gut für Ihre Frau (sie kann sich ausruhen) und gut für Ihr Kind (ungeteilte Aufmerksamkeit).

97. Vielleicht träumen Sie von Ihrem zukünftigen Kind.

Ja, es hört sich wie die Überschrift einer billigen Illustrierten an (MANN TRIFFT IM TRAUM SEINE UNGEBORENEN KINDER), aber ich kann Ihnen versichern, daß es mir passiert ist. Es war eine lebendige, außergewöhnliche, überwältigende, unerklärliche – und bestätigende Erfahrung. Warum nicht? Mein Freund Paul erzählte mir: »Es war, als hätte ich meine Kinder in meinen Träumen kennengelernt. Ich kann mich daran erinnern, wie ich einen Fluß überquerte und wie ich dann mit einem kleinen Jungen einen Waldweg entlang lief. Als ich aufwachte, habe ich meiner Frau erzählt, daß ich meinen Sohn kennengelernt hätte.«

Andererseits kann es Ihnen auch widerfahren, daß Sie erschreckend detaillierte Angstträume haben, in denen Sie Ihr Kind auf einer Kirmes oder in einem Kaufhaus oder in einem Flughafen verloren haben, Träume, in denen Ihr Kind an einem menschenleeren Strand alleingelassen wird ... Begreifen Sie, daß Ihr Gehirn über Nacht einen Reinigungsprozeß vornimmt und daß diese Träume gesund sind – selbst wenn sie Ihnen Angst einflößen. Ihre Bettwäsche wird klatschnaß sein, wenn Sie schweißgebadet aufschrecken, und jetzt ist der Moment gekommen, daß Ihre Frau Sie umarmen sollte und Ihnen sagen sollte, daß alles gut werden wird. Daraufhin sollten Sie ihr antworten: »Unser Baby hat ja so ein Glück, daß es dich zur Mutter hat.«

98. Ihre Frau wird von dem Baby träumen.

Einige Träume werden wundervoll sein (meine Frau träumte während der Schwangerschaft, wir würden unserem Kind in einem Buchladen etwas vorlesen). Aber andere Träume können zu grauenhaft lebendigen Alpträumen werden. Mein Frau wurde von dem schlimmsten Alptraum ihres Lebens wach: Das Baby war bereits geboren, aber dann war es plötzlich verschwunden. Sie wurde schreiend wach, und ich hielt sie eine Stunde lang in den Armen, wobei ich ihr wieder und wieder bestätigen mußte, daß alles in Ordnung war.

Wenn Ihre Frau in Panik aufwacht, nehmen Sie sie in die Arme, machen Sie ihr eine Tasse Kräutertee, beruhigen Sie sie, bis sie wieder einschläft. Sie zeigen ihr damit nicht nur, daß Sie sie lieben, Sie geben ihr auch einen Vorgeschmack darauf, was für ein Vater Sie für Ihr Kind sein werden.

Das letzte Drittel

99. Sie sollten wissen, daß sich das Ende der Schwangerschaft ewig hinzieht.

Gegen Ende der Schwangerschaft wird Ihre Frau sich fühlen, als ob sie zu keiner körperlichen Aktivität mehr fähig wäre. Sie hat Schmerzen. Sie schläft unruhig. Wenn sie atmet, hört es sich an, als würde sie mit Hilfe einer Taucherausrüstung atmen. Das Essen schmecke wie Pappe, behauptet sie, und ihr Stuhlgang fühle sich ebenfalls an wie Pappe, sagt sie. Sie hat Hämorrhoiden, die wie verrückt jucken. Glücklicherweise hat sie noch einen kleinen Rest weiblicher Würde und kratzt ihren Hintern nicht in der Öffentlichkeit. (Aber mit Ihnen allein im Zimmer ist es in Ordnung.) Wenn sie wach wird, sagt sie, sie muß sich mal wieder richtig ausschlafen. Wenn Sie anfangen, Sex mit ihr zu haben, sagt sie, sie muß sich mal wieder richtig ausschlafen. Das Problem ist allerdings, daß sie sich für eine ganze Weile nicht mehr richtig ausschlafen wird. (Sie bildet sich ein, daß sie nach der Geburt des Babys aufatmen wird, um dann in tiefen Schlaf zu fallen, aber glücklicherweise hat sie intensive, von Gott gegebene Schwangerschaftshalluzinationen.) Sie umgibt sich mit so vielen Kissen, daß es aussieht, als ob sie in einem Iglu wohnen würde – eins zwischen ihren Beinen, eins hinter ihrem Rücken, eins hinter ihren Schultern, zwei unter ihrem Kopf, eins unter ihren Knöcheln ... Ihre Rippen schmerzen, und ihre Brüste schmerzen (und es fließt bereits eine bißchen gelbe Flüssigkeit aus ihnen heraus), und ihre Knöchel schmerzen, und ihre Füße schmerzen, und ihr Kreuz tut ganz fürchterlich weh (es fühlt sich an, als ob die einzelnen Wirbel falsch zusammengesetzt wären), und sie hat ganz schreckliche Wadenkrämpfe, also will sie nur noch massiert werden! Was sie will (mehr noch als das Baby), ist Erlösung von den Strapazen des letzten Schwangerschaftsabschnitts.

Und dann ist da das errechnete Geburtsdatum, von dem ihr alle gesagt hatten, daß man daran nicht glauben sollte. Aber sie hat trotzdem daran geglaubt (geben Sie es zu – Sie auch). Deshalb empfindet sie jede Verzögerung als eine Fehlleistung. Es hängt wie ein Gewicht über ihrem Kopf, und es beschämt sie. Alle fragen sie, wann denn endlich das Baby kommt, und schütteln dann konsterniert den Kopf, wenn sie merken, daß sie noch lange nicht so weit ist, oder es war letzte Woche so weit, oder sie sehen ein Stück ihres Bauches, wenn sie sich gerade kratzt (als sie dachte, niemand würde zuschauen), und sie kommentieren, daß ihre Haut so angespannt ist wie die Verpackung von Mikrowellenpopcorn, und sie bricht in Tränen aus (zum Teil, weil man sie daran erinnert hat, daß sie eigentlich Popcorn wollte und jetzt alle Läden geschlossen sind).

Und dann ist sie wirklich überfällig: Das errechnete Datum war in der vorletzten Woche, und alle ziehen die Augenbrauen zusammen und nehmen Sie an die Seite, um zu fragen, ob Sie nichts unternehmen wollen, damit es endlich losgeht, und Sie tun so, als ob Ihr Sexualleben in bester Ordnung wäre (danke für die Nachfrage). Natürlich wissen Sie, daß der heiße Sex des mittleren Schwangerschaftsabschnitts längst ein verblichener

Traum ist. Dann sind Sie auf einem Fest und befinden sich plötzlich unter einer Vielzahl alleinstehender Frauen, die nach Männern suchen, die eine Verpflichtung eingehen wollen – und Sie sind offensichtlich ein Mann, der eine Verpflichtung eingeht –, und Sie hören auf zu flirten, bringen Ihre Frau im Zustand einer gewissen Erregung nach Hause, und dann erstickt die schreckliche Routine ihrer überwältigenden Müdigkeit wieder einmal Ihre sexuellen Gelüste.

Sie versuchen, sich nicht selbst zu bemitleiden – Sie wissen, wie glücklich Sie sind, Sie werden bald Vater sein –, aber Sie fühlen sich in dieser Lebensphase deutlich benachteiligt. Sie haben schließlich auch Bedürfnisse. Die Schwangerschaft fängt an, Sie an einen Kriminalfilm in seiner dritten Stunde zu erinnern – langsam reicht es! Auch Sie wollen, daß die Spannung endlich zu Ende geht, und deshalb sollten Sie in diesen Tagen ganz besonders aufmerksam sein. Es ist wieder einmal der Zeitpunkt gekommen, da Sie Ihren Bauch einziehen (der inzwischen hoffentlich nicht zu sehr aufgebläht ist) und die Schultern zurückwerfen müssen, um Ihrer Frau zu zeigen, aus welchem Holz Sie geschnitzt sind. Selbst wenn Sie am Anfang und zur Mitte der Schwangerschaft eher nachlässig waren, am Ende der Schwangerschaft braucht Ihre Frau Ihre Unterstützung am meisten.

Natürlich ist dies nur der Anfang …

100. Eines Tages gegen Ende der Schwangerschaft wird Ihre Frau zur Decke schauen und aufschreien: »Zeig mir mal einen Teil von mir, der noch nicht weh tut!«

Seien Sie romantisch. Seien Sie liebevoll. Machen Sie ihr klar, daß Sie nicht das Interesse an ihr verloren haben, weil sie jetzt (zumindest in ihrer eigenen Vorstellung) nichts anderes ist als ein Haufen knarrender Knochen und überdehnter Fleischteile. An heißen Sommerabenden können Sie mit Ihrer Frau zum Sonnenuntergangspicknick an den Strand fahren oder mit ihr in ein kühles Kino gehen. Oder fahren Sie ins Grüne und legen sich mit ihr ins Gras, um die Sterne zu betrachten. Oder gehen Sie an einen See, damit sie darin waten und sich schwerelos fühlen kann. Halten Sie einen Schirm über sie, und gehen Sie im Regen spazieren, oder ziehen Sie sich schön warm an, und machen Sie einen Gang durch die klare, kühle Winterlandschaft, oder bauen Sie zusammen mit ihr eine schwangere Schneefrau.

101. Begreifen Sie, wann der Moment gekommen ist, da keiner Ihrer Freunde und Bekannten mehr etwas von der Schwangerschaft hören will.

Ja, zu Anfang wurden Hände geschüttelt, wurde umarmt, wurde danach gefragt, wie es sich anfühle; später (nachdem Ihr Baby geboren ist und Sie bereits mit schöner Regelmäßigkeit um den Schlaf bringt) kommen Ihre Freunde noch ein einziges Mal, um sich das Kind anzusehen und mit infantilen Lauten Kommunikationsversuche zu unternehmen. In diesen Tagen jedoch, wo Sie allmählich in die Zielgerade einlaufen, fällt Ihnen wahrscheinlich auf, daß Freunde und Bekannte sich abwenden, wenn Sie den Zustand Ihrer Frau oder Ihren eigenen Zustand beschreiben.

Zwingen Sie niemanden, an Ihrer Schwangerschaft teilzuhaben. Bisher gehört diese Schwangerschaft nur Ihnen und Ihrer Frau. Sollten Sie allerdings auch nur eine einzige Person kennen, die immer noch die Geschichten von steifen Rückenwirbeln und von Wasser in der Beinen zu hören bereit ist, so verdient dieser Freund (oder Verwandte) eine Krone als Freund fürs Leben.

102. ***Besprechen Sie mit Ihrer Frau, ob Sie eine Kinderschwester einstellen sollten – oder ob die Mutter Ihrer Frau nach der Geburt für zwei Wochen zu Ihnen ziehen sollte.***

103. ***Verstehen Sie, daß Ihre Frau jetzt vielleicht heiße Träume hat, die ihr zum ersten Mal einen Orgasmus im Schlaf bescheren.***

Sie stöhnt im Schlaf: »Oh ... ahh ... *ahhh* ...« Sie schlagen die Augen auf. Sie denken sich: *Meine Frau hat einen schrecklichen Alptraum, und als guter Ehemann sollte ich sie aufwecken* – bis Ihnen plötzlich klar wird, einen Moment bevor Sie die Schulter Ihrer Frau anfassen und sagen: »Ist nur ein Alptraum ...«, daß sie gerade die Nummer ihres Lebens hat! Sie ziehen Ihre Hand zurück. *Meine Frau, im Bett mit ... wem?... und was macht er mit ihr? ... und wie viele gibt es in diesem Traum?* Das Stöhnen ihrer Frau wird immer intensiver, und plötzlich erreicht sie den Höhepunkt, atmet heftig, leckt sich die Lippen. Sie sind verstört! Außer sich! Dieses Weibsstück ... Sie zu betrügen ... und schwanger, noch dazu! Sie schlägt die Augen auf. »Mein Gott, ich hatte gerade diesen unglaublichen Traummm ...«

Es gibt zwei Alternativen: Sie leuchten ihr mit einer hellen Leselampe ins Gesicht und beginnen das Kreuzverhör (in diesem Fall wird sie Sie sicherlich daran erinnern, daß Träume kein eheliches Gemeingut sind), oder Sie lassen sich anregen und machen aus der Situation ein gelungenes Fest. Sie haben die Wahl.

Gehen Sie zusammen in die Badewanne. *Denken Sie daran, ihren runden Schwangerschaftsbauch einzuseifen.*

---

104. Kaufen Sie ein Buch über Namen, und suchen Sie Ihre Lieblingsnamen heraus.

Bitten Sie Ihre Frau, ebenfalls ihre Lieblingsnamen herauszusuchen (wahrscheinlich ist diese Bitte völlig überflüssig, da sie längst vor Ihnen ihre Lieblingsnamen definiert hat). Jetzt kommt der interessante Teil: die Verhandlungen. Sie schlagen einen Namen vor, sie lehnt ihn ab; sie schlägt einen Namen vor, und Sie sind nicht damit einverstanden. Sie gehen gemeinsam so viele Namen durch, daß Sie schließlich denselben Namen vorschlagen wie in der Vorwoche, und sie sagt: *Vielleicht.* Allmählich erreichen Sie etwas. Nach Durchsicht einer Vielzahl unmöglicher Alternativen einigen Sie sich früher oder später auf etwa ein Dutzend möglicher Namen. Wenn Sie das Geschlecht Ihres Kindes nicht herausgefunden haben, so liegen zwei Listen vor Ihnen – und zweifellos ist eine dieser Listen stärker als die andere. Ihre Frau erinnert sich daran, daß der Mädchenname, der Ihnen so gut gefällt, der Name einer jungen Dame heißblütigen Aussehens war, mit der Sie bald nach dem Universitätsabschluß eine kurze, aber heftige Beziehung hatten. Plötzlich ist sie sauer. Damit genug der Namensspiele für diesen Abend!

Beginnen Sie die Namensverhandlungen Wochen vor der Zeit. Manchmal ist es ganz leicht: Meine Frau und ich beschlossen in weniger als einer Minute die beiden Vornamen unserer Tochter – einfach so – und riefen sie bereits im Kreißsaal bei ihrem Namen. Auf der anderen Seite hatten wir endlose Debatten zum Thema männliche Vornamen. Bei unserem Sohn waren wir uns noch nicht einmal sicher, als wir bereits vom Krankenhausaufzug nach unten befördert wurden, um nach Hause zu fahren. Aber nur Augenblicke später trafen wir unsere endgültige Entscheidung (natürlich die richtige).

105. *Ist Ihnen schon aufgefallen, daß jeder Freund und jeder Bekannte für seinen eigenen Lieblingsnamen für das Baby wirbt?*

Hören Sie in diesem Zusammenhang auf absolut niemanden außer auf Ihre Frau! Ein Verwandter meiner Frau verbrachte Wochen damit, mir den männliche Vornamen Cosimo als die perfekte Lösung nahezulegen. Ich bin zwar ein großer Fan von Cosimo Medici, dem freigiebigen Mäzen der Florentinischen Renaissance, und ich hege auch sonst genug Sympathien für Italien. Daher kam es schließlich soweit, daß ich tatsächlich meiner Frau diesen Vorschlag unterbreitete – sie hielt mich für verrückt. »Irgendwo hast du recht«, mußte ich einsehen. »*Cosimo Barron stürmt auf die Strafraumlinie zu!* Das hört sich doch etwas merkwürdig an.«

Meine Familie nahm ebenfalls aktiv an der Namensfindung für das Baby teil. Meine Mutter schlug vor, wir sollten unsere Tochter nach meiner Großmutter nennen, einer kräftigen Russin, die unter einem Eisenbahnwaggon, an dessen Achsen geklammert, die damalige sowjetische Grenze überquert hatte. Die Mutter meiner Frau hoffte, wir würden den traditionellen männlichen Vornamen ihrer Familie beibehalten. Es gab noch eine Reihe anderer Versuche, uns zu überzeugen – wenn wir alle glücklich gemacht hätten, würden unsere Kinder heute fünfzehn Vornamen haben, wie es in einigen Regionen Südamerikas üblich ist. Versuchen Sie, sich nicht schuldig zu fühlen, wenn Sie es nicht übers Herz bringen, einen seit dem vorigen Jahrhundert traditionell üblichen Vornamen der Familie an die nächste Generation weiterzugeben oder einen Namen Ihrer germanischen Urahnen aus dem zwölften Jahrhundert zu vererben. Nach einem einzigen Blick auf Ihr strahlendes, sabberndes Baby vergessen diese Leute, daß sie jemals einen Vorschlag zur Namensgebung gemacht haben.

106. Schreiten Sie ein, wenn alle den Bauch Ihrer Frau betatschen wollen.

Wer sind eigentlich all diese Leute, und was fällt ihnen eigentlich ein? Völlig Fremde! Freunde von Freunden auf irgendwelchen Festen! Je weiter der Bauch sich nach vorn wölbt, desto mehr scheint er aufgehört zu haben, als Privateigentum angesehen zu werden, und desto mehr scheint er zum öffentlichen Gemeingut zu werden. Ja, es ist schön, Schöpfung zu berühren. Natürlich geschehen die Berührungen in allerbester Absicht. Trotzdem tat ich alles, um diese Hände von meiner Frau fernzuhalten; ich verzog das Gesicht, schoß mit meinen Augen kleine Dolche ab, räusperte mich, und schließlich, wenn nichts anderes mehr half, bat ich den Eindringling, seine Hände bei sich zu behalten.

Für Sie und Ihre Frau ist es ein gutes Training für die Zeit nach der Geburt Ihres Kindes, denn dann kommen eben diese Personen und stecken ihre Finger dem Baby unter das Kinn. Sie

---

Trainieren Sie, bis Sie topfit sind. *Schneller als erwartet wird Ihre Tochter Ihnen zurufen »Du bist dran!« und dann in voller Geschwindigkeit über eine grüne Wiese davonsprinten. Sie werden hinterherlaufen, und Sie werden ihre Haare im Wind wehen sehen, ihre Ellbogen, ihre Knie und ihre Füße davonfliegen. Sie wollen nicht keuchen und nach Luft schnappen, die Hände auf den Knien, so daß sie sich umdreht und ruft: »Was ist denn passiert, Papa?« (Außerdem sollten Sie Ihre Pumpe fit halten, damit Sie noch lange gut dabei sein können).*

---

geben vor, dem Kind die Nase zu stehlen. Sie fummeln auch gern an den Händen des Kindes herum und stellen fest, wie klein sie doch sind.

107. Machen Sie keine Witze über den Geburtsvorbereitungskurs.

Ich hatte mir geschworen, nicht zu grinsen, nicht mit den Gedanken woanders zu sein, mich nicht zu fühlen, als ob dies nur Zeitverschwendung wäre – all die Klischees dazu, wie Männer reagieren. Meine Frau gab mir vor Betreten des Unterrichtsraums noch ein paar aufmunternde Worte mit auf den Weg, damit ich mich besser konzentrierte, und dann gingen wir hinein.

Da lagen die anderen Ehefrauen wie gestrandete Wale auf dem Teppichboden, dort standen die unsicheren Ehemänner, aber wo war die Lehrerin? »Oh mein Gott ...«, hörte ich eine Frau sagen. Meine Frau starrte jemanden hinter mir an. »Das ist nicht fair.« Unsere Lehrerin betrat federnden Schrittes den Unterrichtsraum. Lange Beine, hohe Absätze, kurzer Rock, eine lange blonde Mähne, ein markantes Gesicht und nach oben zeigende schöne Brüste. »Die hat noch nie ein Baby gehabt ...«, murmelte eine andere Frau. »Nicht so wichtig«, flüsterte ihr Ehemann. »Überhaupt nicht wichtig.«

Danach war die Präsenz der Ehemänner in unserer Vorbereitungsrunde garantiert. Es war auch nicht ungewöhnlich, daß ein Ehemann nach dem Kurs noch etwas länger blieb, um sich die Schnell-Atem-Technik vorführen zu lassen, oder wie und wo und mit welcher Intensität während der Wehen massiert werden sollte (»Machen Sie es bei mir, dann weiß ich, wie es sich anfühlt ...«). Im Laufe der Wochen wurden die Frauen immer rundlicher und die Röcke unserer Trainerin immer kürzer. Gegen Ende des Kurses trug sie ein blau-weiß gepunktetes Röckchen, in dem sie aussah, als hätte sie eine Krawatte aus den siebziger Jahren um die Hüften gebunden. »Liebling, dir fallen gleich die Augen aus dem Kopf«, zischte eine Frau ihren Ehemann an.

Eines Abends während des Vorbereitungskurses sah mir meine Frau flehend in die Augen und sagte: »Das hier bringt absolut nichts. Ich weiß, daß es mir nichts nützt. Ich kann keine Schmerzen ertragen. Im Kreißsaal werde ich zuallererst jeweils eins von allen Schmerzmitteln bestellen.« (Sie blieb ihren Vorsätzen treu – genauso war es dann auch.) »Ich finde, wir sollten weitermachen«, wandte ich ein. »Weißt du – wir brauchen nur noch ein bißchen Ausdauer.«

Und ich bin froh, daß wir weitergemacht haben, denn durch den Geburtsvorbereitungskurs wurden die Wehen und die Entbindung für mich zu normalen Vorgängen. Das Blut wich allen Männern (und einigen Frauen auch) aus dem Gesicht, als wir dann einen schon etwas älteren Film einer echten Geburt vorgeführt bekamen. »Mein Gott«, stöhnte der Mann neben mir zu seiner Frau. »Ich will nicht zusehen, wie das mit dir passiert!« Aber so schrecklich es sein mag, im Film eine andere Mutter zu sehen, die ein anderes Baby gebiert, so ist es in der persönlich erlebten Wirklichkeit eine phantastische Erfahrung. Der Geburtsvorbereitungskurs hat hauptsächlich den Zweck, die Geburtsvorgänge zu entmystifizieren. Nicht nur der Film, auch die Trockenübungen, das Atmen, das Massieren, das Betreuen (fällt niemandem ein Wort ein, bei dem man nicht gleich an einen Fußballtrainer denkt, der am Spielfeldrand auf und ab läuft?).

Wenn unsere Trainerin Ihre Trainerin wäre, müßte ich Ihnen in keiner Weise zureden, den Vorbereitungskurs zusammen mit Ihrer Frau zu besuchen. Aber gehen Sie trotzdem. Es gehört inzwischen als Initiationsübung dazu; eine Art und Weise, um Männern Schwangerschaft und Geburt näher zu bringen. Selbst wenn Sie keine Gelegenheit bekommen, Ihr neues Wissen anzuwenden, so sind Sie doch zuversichtlicher, da Ihnen die Vorgänge vertraut sind. Außerdem sind Sie Ihrer Frau näher, und der ganze Ablauf hat inzwischen für Sie einen normalen (fast lächerlichen) Anstrich bekommen, so daß Sie jetzt wissen, daß Sie kein Supermann sein müssen, um damit fertig zu werden.

108. Planen Sie keinen Umzug im letzten Teil der Schwangerschaft.

Wenn Ihre Frau früher als erwartet entbinden sollte, könnte es Ihnen passieren, daß Sie in der neuen Wohnung noch nicht entsprechend vorbereitet sind. Vielleicht wollen (oder müssen) Sie umziehen; vielleicht gibt es in Ihrer jetzigen Wohnung nicht genug Platz, oder Sie wohnen zu weit weg vom nächsten Kindergarten oder der nächsten Schule, oder Sie haben über sich einen Nachbarn (wie wir), der besondere Freude daran hat, morgens um halb drei in seinem Wohnzimmer Rollschuhübungen zu machen. Wenn Sie schon umziehen müssen, sollten Sie es gegen Mitte der Schwangerschaft tun (sind Sie nicht froh, daß Sie all diese Informationen schon jetzt lesen können?). Kümmern Sie sich selbst um die Details – Ihre Frau fühlt sich bereits überlastet, und Ihnen fehlt dringend eine Aufgabe, bei der Sie sich selbst beweisen können. Schicken Sie Ihre Frau zu Freunden oder Verwandten. Sie wollen nicht, daß sie ihren Rücken mit Kisten belastet oder sich damit quält, wo denn nun die Wohnzimmercouch stehen soll. Sie braucht ihren Rücken und ihre Geduld im letzten Teil der Schwangerschaft.

Auf jeden Fall sollten Sie jetzt nicht Ihre Wohnung renovieren. Seien Sie realistisch. Wenn Sie mit einer Renovierung zu Anfang oder in der Mitte der Schwangerschaft beginnen, denken Sie daran, daß Bauvorhaben in den seltensten Fällen so verlaufen wie ursprünglich geplant (hört sich so ähnlich an wie bei der Schwangerschaft) und daß die Handwerker nicht plötzlich deswegen mit Ihnen Mitleid bekommen, weil Ihre Frau schwanger ist. (Ziel der Handwerker ist vielmehr, Sie so verrückt zu machen, daß Sie immer größere Überweisungen vornehmen, nur damit Sie diese Leute endlich loswerden.) Versuchen Sie, Handwerker zu finden, die einer Terminklausel zustimmen (mit einer Geldstrafe, damit die Arbeiter sich an den Zeitplan halten). Selbst bei den besten Vorsätzen (ein Kinderzimmer, ein Spielzimmer) wird Ihre Frau genervt sein, wenn die Arbeiten den normalen Haushalt beeinträchtigen. Sie kann jetzt keinen Farbgestank, keinen Staub und keine Unordnung ertragen. Ihnen liegt etwas an der körperlichen und psychischen Gesundheit Ihrer Frau. Hören Sie auf ihre Bedürfnisse, und sorgen Sie dafür, daß die Handwerker das Haus in sauberem Zustand verlassen, und zwar rechtzeitig bevor das letzte Schwangerschaftsdrittel beginnt.

109. Richten Sie das Babyzimmer ein.

Ihre Frau will diese Aufgabe wahrscheinlich allein in die Hand nehmen, aber schlagen Sie vor, es in Teamarbeit zu erledigen. Fragen Sie andere Eltern nach guten Ideen. Und wie immer bei

Immobilien, denken Sie daran, daß die Lage der entscheidende Faktor ist. Nicht zu weit für mitternächtliche Fütterungen. Nicht zu nah, so daß Sie und Ihre Frau noch ein klein wenig Intimsphäre genießen können. Dann die Grundausstattung: eine Wiege, ein Kinderbett für später, ein guter Tisch oder eine Wickelkommode (nicht zu niedrig, nicht zu hoch), um zwanzig Trillionen Windeln zu wechseln, ein Abfalleimer mit Deckel, eine Korbtruhe für Spielzeug, ein schwarzweißes Mobile (für das frühe Babyalter) und ein knallbuntes Mobile (für etwas später), das ein Schlaflied spielt. Kaufen Sie einen Kassettenrekorder und die passenden Kassetten: traditionelle, moderne oder auch den letzten Schrei der Saison, wenn Sie es nicht abwarten können, daß Ihr Kind die ersten Modeerscheinungen mitmacht.

Geben Sie Ihrem Kind das lauteste Zimmer des Hauses – nicht aus mangelnder Zuneigung, sondern weil es sich auf diese Weise zu einem Tiefschläfer entwickelt, auf den Sie nur neidisch sein können. Wenn Ihr Baby es schafft, den morgendlichen Küchenlärm zu ignorieren und weiterzuschlafen, dann gibt es Grund zu der Annahme, daß es die Bierparty im Studentenwohnheim zwanzig Jahre später (von der Sie gar nicht begeistert sind) ganz einfach verschlafen wird.

Der nächste Schritt ist, das Zimmer kindersicher zu machen. Legen Sie sich bäuchlings auf den Boden, schauen Sie sich um und machen Sie eine Liste der Dinge, die potentiell gefährlich werden könnten: alle Steckdosen, Treppen, Drähte und alle giftigen Substanzen, die theoretisch erreichbar sein könnten. Eliminieren Sie oder entschärfen Sie alle möglichen Gefahrenquellen.

Und beeilen Sie sich damit. Nichts verstört Ihre Frau mehr als ein Kinderzimmer, in dem es noch nach Farbe stinkt, wenn sie mit einem Neugeborenen nach Hause kommt.

Wollen Sie Ihre Frau wirklich einmal mit Ihrer Planung überraschen? Hängen Sie eine Pinnwand für Fotos, Kunstwerke oder Notizen auf (Sie und Ihre Frau können füreinander Zeichnungen anfertigen oder Merkzettel schreiben).

Bezeichnen Sie Ihre schwangere Frau niemals als irrational, aufbrausend oder launisch. *Nach einem solchen Vorwurf kommt es mit Sicherheit zum Streit. Alle schwangeren Frauen sind sich sicher, daß sie keine dieser Eigenschaften besitzen – und wenn doch, dann haben sie es sich verdammt noch mal verdient, so zu sein.*

---

110. Wie sollten Sie reagieren, wenn Ihre schwangere Frau ihre Mutter oder eine Freundin bittet, bei der Entbindung dabei zu sein?

Zwei Alternativen: Setzen Sie sich in eine Ecke zum Schmollen (wobei Sie ab und zu über Ihre Schulter schauen sollten, um zu sehen, ob Sie auch von allen bemerkt werden), oder freuen Sie sich, daß Sie Ihre Verantwortung mit jemandem teilen können. (Hoffen Sie nur, daß sie keinen ihrer männlichen Freunde bei der Geburt dabei haben möchte – sollte dies der Fall sein, müssen Sie sich vielleicht etwas mehr um Ihre Ehe kümmern!) Aber wenn Sie bei der Schwangerschaft Ihre Teilnahme deutlich gemacht haben, wenn Sie mit Ihrer Frau für den großen Moment trainiert haben, wenn auch Sie Ihre Atemtechnik geübt haben und wenn Sie den festen Vorsatz haben, dem Frauenarzt und dem Anästhesisten zu Höchstleistungen zu verhelfen, dann gehört es meiner Meinung nach zu Ihren Rechten, Ihrer Frau zu sagen, daß Sie diese Aufgabe lieber selbst erledigen. Die Mutter meiner Frau bot sich an, bei der Geburt dabei zu sein;

meine Frau übermittelte das Angebot; ich lehnte das Angebot ab. Ich kenne allerdings Männer, die begeistert waren, daß ihre Beklemmung und ihre Ängstlichkeit gemildert wurden, sei es durch die Gegenwart der Mutter der Frau, einer Freundin oder einer ausgebildeten Geburtsspezialistin, die hilfreich bei der Entbindung zur Seite steht und Ihrer Frau Erleichterung verschafft. Es hängt ganz von Ihnen ab. Allerdings sollten Sie Ihre Meinung sagen, bevor es zu spät ist.

111. Beruhigen Sie sich – Sie sind nicht das erste Paar, das im letzten Schwangerschaftsdrittel keinen Sex mehr hat.

Dies ist eines der Themen, über das niemand spricht, aber jeder macht es (oder macht es nicht). Nein, sie fühlt sich nicht mehr wohl dabei. Ja, Sie fühlen wirklich zu sehr *die Gegenwart des Babys* (obwohl der Frauenarzt Ihnen wieder und wieder bestätigt, daß das Baby Ihren Penis nicht spüren kann). Es ist einfach so: Sie können mit Ihren Händen fühlen, wie sich das Baby beim Sex bewegt – und davon werden Sie *in äußerstem Maße* abgelenkt.

Die wichtigste Regel ist: nicht verkrampfen! Es gibt andere Möglichkeiten, Ihre Frau zu befriedigen. Und umgekehrt. Gehen Sie auf Entdeckungsreise.

112. Stellen Sie sich den Tatsachen: Das Baby kommt wirklich!

Die Schwangerschaft wird zu einer Art Fluß, dessen Strömungen Sie mit sich tragen. Und es gibt so viele Klippen im Fluß, daß einige Männer die großartige, offensichtliche Wahrheit erst erkennen, wenn sie irgendwann, bei bereits weit fortgeschrittener Schwangerschaft, darauf stoßen: Das Baby kommt wirklich!

Bei mir kam dieser Moment, als die Freundinnen meiner Frau für sie ein Babyfest in einem Restaurant organisierten, wie es in Amerika üblich ist. Ich sollte gegen Ende kommen, wenn die Geschenke übergeben werden – nicht zu früh, damit ich mich nicht komisch fühlen würde, und nicht zu spät, damit ich nicht die Stimmung des Abends stören würde. Statt ein paar Dutzend Mal um den Block zu laufen und immer wieder durch das Restaurantfenster zu spähen, in Erwartung eines Signals der Frauen, entschloß ich mich, in ein Konzert von Bob Dylan zu gehen (was für meine Frau zu diesem späten Zeitpunkt ihrer Schwangerschaft viel zu laut und zu verraucht gewesen wäre). Dementsprechend war ich bei meiner Ankunft in einer völlig anderen Stimmung als all die aufgeregten Frauen.

Ich lächelte und bedankte mich bei ihren Freundinnen, während meine Frau die Geschenke auspackte und ihre Freundinnen umarmte und mit ihnen das tiefe weibliche Verstehen der Zukunft teilte, das Männer so verwirrend finden. Ja, mir war klar, daß dieses kleine Fest organisiert worden war, um meiner Frau eine weitere Portion Rampenlicht zu verschaffen. Aber das störte mich nicht. Zu diesem Zeitpunkt hatte ich bereits meine eigenen Techniken entwickelt, um problemlos in ihrem Schatten zu verweilen. Und all die jungen, attraktiven Frauen mit feuchten Augen, die mich bereits als Vater sahen? Nein, das war es auch nicht. Plötzlich stellte ich fest, daß es *wirklich* stimmte. Wir würden *wirklich* ein Baby bekommen; ich war so beschäftigt gewesen mit der täglichen Schwangerschaftsroutine, daß mir die Ausmaße der uns bevorstehenden Veränderung irgendwie entgangen waren. Irgendwann beim zweiten oder dritten Geschenk, zwischen den knallbunten Stiefelchen und dem selbstgestrickten Jäckchen in Puppengröße fiel bei mir mit einem Mal der Groschen: Jetzt wußte ich, daß unser Baby bald da sein würde.

Später in unserem dunklen Wohnzimmer starrte ich auf die Söckchen. Sie paßten über zwei meiner Finger. Ich war völlig in Gedanken verloren. Wie konnten Füße nur so klein sein? Wie würde diese kleine »Person« sein? War ich wirklich bereit für die Vaterschaft, oder war ich besser in einem Dylan-Konzert aufgehoben, um mein Feuerzeug bei der Bitte um Zugabe hochzuhalten?

»Alles in Ordnung?« fragte meine Frau, als sie in der Dunkelheit auf mich zukam.

»Es wird wirklich geschehen, nicht wahr?« fragte ich.

»Alles wird gut werden«, sagte sie und legte ihre Hand auf meine Schulter.

Am nächsten Morgen ging ich in die Boutique für Babysachen, an der ich schon unzählige Male vorher vorbeigelaufen war. Ich kaufte einen Schneeanzug für Babys mit so vielen bunten Aufklebern, daß er aussah wie die Miniaturausführung eines Rennfahreranzuges. Ich verließ den Laden beschwingten Schrittes.

113. Spielen Sie Ihrem Baby schon Musik vor?

Zumindest suchen Sie ein Lied aus, und dann halten Sie den Kopfhörer oft an den Bauch Ihrer Frau. Später, wenn das Baby auf der Welt ist, wird dieses Lied eine beruhigende Wirkung haben – das heißt im Klartext: Ende des Geschreis (manchmal).

Wir haben immer *Die Vier Jahreszeiten* von Vivaldi gespielt und waren später überrascht (und entzückt), als die Schreikrämpfe unserer Tochter auf mysteriöse Weise bei dieser Musik aufhörten.

114. ***Wählen Sie ein Lied aus – nach Möglichkeit ein romantisches Lied –, und spielen Sie es oft, so daß Sie und Ihre Frau immer an diese Schwangerschaft denken werden, wenn Sie dieses Lied hören.***

Wenige Dinge berühren die romantische Ader Ihrer Frau so sehr wie diese altbewährte Methode. Nichts verbindet sich so leicht mit Erinnerungen wie Melodien. Denken Sie an die Zeit Ihres Kennenlernens zurück – was hören Sie? (Ich höre, wie Tina Turner singt: »Let's stay together.«) Wenn Sie sehen, wie Ihre Frau bei einem bestimmten Lied im Radio zerfließt, dann machen Sie sich auf den Weg, und kaufen Sie die CD, und später spielen Sie dann dieses Lied, wenn Sie und Ihre Frau sich an einem ruhigen Sonntagnachmittag im Wohnzimmer ausruhen.

115. ***Gewöhnen Sie sich daran, weniger Freizeit zu haben.***

Bald werden Sie gar keine Freizeit mehr haben. Wie können Sie sich darauf vorbereiten? Indem Sie Ihre Zeit auf intelligentere Weise nutzen und unwichtige Dinge von Ihrem Kalender streichen. Trainieren Sie, die Zeitung in der Hälfte Ihrer normalen Lektürezeit zu bewältigen. Überfliegen Sie die Schlagzeilen, lesen Sie den ersten und den letzten Abschnitt des jeweiligen Artikels. (Ach ja, verbringen Sie auch etwas weniger Zeit mit dem Sportteil.) Vermeiden Sie überflüssige Aktivitäten wie den Empfang von Freunden, die eigentlich gar keine Freunde sind, oder von Verwandten, deren einziger Grund für die Gegenwart in Ihrem Haus in der Verwandtschaft besteht. Sie werden lernen: Weniger Zeit zu haben, kann durchaus von Vorteil sein. Sie werden Ihr Leben besser organisieren.

116. Kaufen Sie sich ein Handy.

Nehmen Sie das Handy immer dann mit, wenn Sie sonst nicht erreichbar sind, so daß Ihre Frau immer mit Ihnen Kontakt aufnehmen kann. Dies ist besonders wichtig während des letzten Teils der Schwangerschaft, weil Sie sich sonst bald wie ein Gefangener der bevorstehenden Entbindung fühlen werden. Wenn Sie kein Handy haben, werden Ihnen bald die dauernden Stops an Telefonzellen auf die Nerven gehen, und das Gefühl wird auf Ihnen lasten, daß Sie unter Umständen die Entbindung verpassen könnten, wenn Sie sich von Ihrem Telefon entfernen. Bewahren Sie sich Ihre Freiheit, während Sie gleichzeitig Ihre Frau beschützen.

117. Ermutigen Sie Ihre Frau, ihre Beckenbodenübungen zu machen.

Während der Schwangerschaft hören Sie andauernd vom »Beckenboden« Ihrer Frau, und Sie werden sich vielleicht fragen: *Was ist denn das schon wieder?* Es ist ein ganz bestimmter Muskel, den Ihre Frau gebrauchen wird, um das Baby bei der Entbindung hinauszupressen – und dieser Muskel wird sich unglücklicherweise dehnen (es sei denn, man macht einen Kaiserschnitt). Beckenbodenübungen stärken diesen Muskel in der Hoffnung, daß er seine Straffheit auch nach der Geburt beibehalten wird. Beckenbodenübungen sind sehr einfach – es ist das gleiche Gefühl, als ob man sich beim Wasserlassen zwingt, mittendrin aufzuhören, und Ihre Frau kann diese Übungen praktisch überall durchführen: auf der Toilette, während sie tatsächlich Wasser läßt, am Schreibtisch, während sie ihre Arbeit verrichtet, oder beim Autofahren oder im Bett, bevor sie sich auf Sie stürzt.

Wenn sie sagt: »Ich werde den Teufel tun und meine Vagina zusammenziehen!«, dann erklären Sie ihr, daß es für dieses Gefühl ist, Ihren Penis beim Sex richtig im Griff zu haben – das wird sie nicht missen wollen!

118. Seien Sie taktvoll, und ignorieren Sie die unglaublichen Geräusche und Gerüche, die der Körper Ihrer Frau während der Schwangerschaft produziert.

Obwohl Ihre Frau selbst vielleicht von ihrem häufigen Furzen irritiert und verstört sein mag, erwartet sie von Ihnen, daß Sie sich verhalten, als ob nichts geschehen sei. Mein Freund Carl erzählte mir, daß er im Laufe einer besonders explosiven Nacht scherzhaft zu seiner Frau gesagt hatte: »Du legst ja los wie Louis Armstrong auf der Trompete.« Sie fand es *überhaupt nicht* lustig. »Du solltest so tun, als ob du nichts merkst«, sagte sie. «Und sie hatte Recht«, mußte er zugeben.

119. Seien Sie taktvoll beim Thema Hämorrhoiden.

Vielleicht waren Ihnen Hämorrhoiden immer schon ein Rätsel. Sollten Sie amerikanischen Baseball im Fernsehen verfolgen, wird es Ihnen, genau wie mir, ein Rätsel gewesen sein, warum sich der Coach George Brett während der Saison des Jahres 1988 immer auf einem aufblasbaren Schwimmring auf der Trainerbank niederließ. Und nun versucht Ihre Frau, diese empfindsame Person, ihren Hintern nicht zu kratzen. Sie schaut aus der Wäsche wie ein demütiger Hund, ganz wie George Brett in all den Nahaufnahmen im Fernsehen.

Warum hat sie jetzt Hämorrhoiden? Wahrscheinlich von häufiger Verstopfung (einige Frauen bekommen auch von den riesigen Vitamintabletten Verstopfung, die sie während der Schwangerschaft einnehmen). Also, was können Sie – auf taktvolle Weise – unternehmen, um ihr zu helfen? Ändern Sie ihren Speisezettel: viel Reis und gekochtes Gemüse statt Öl, Fleisch und fette Sachen. Morgens sollte sie Müsli mit Haferflocken, Rosinen und getrockneten Pflaumen essen. Bestehen Sie darauf, daß sie ihren Frauenarzt darum bittet, ihr eine Salbe zu verschreiben. Besorgen Sie Hämorrhoidenpflaster (die ganz gut funktionieren, ansonsten aber nicht besonders anregend sind). Machen Sie ihr ein warmes Bad, in dem sie sich in Ruhe entspannen kann. Wenn sie über lange Zeiträume sitzen muß, wäre die Idee mit dem Schwimmring vielleicht gar nicht so schlecht.

120. *Haben Sie nicht den Eindruck, daß sie beinahe täglich zum Arzt geht?*

Und wenn Sie immer mitgehen, finden Sie nicht, daß sich bei den Besuchen alles wiederholt? Der Arzt kontrolliert immer wieder, wie sehr sie sich schon geweitet hat. Ihre Vagina, für die Sie einen gewissen Besitzerstolz hegen, wird jetzt mit etwa der gleichen Romantik beschrieben wie das Funktionieren der Blendenöffnung in einem Handbuch für Fotografen.

Aber täuschen Sie sich nicht: Ihnen würde es nicht im Traum einfallen, bei Ihrer Frau auf die begleitenden Untersuchungen eines Frauenarztes zu verzichten, selbst wenn Sie sich vorgenommen haben, die wunderbare Schönheit menschlicher Fortpflanzung nicht aus den Augen zu verlieren.

121. *Wenn Ihre Frau am Muttertag schwanger ist, geben Sie ihr zum ersten Mal ein Muttertagsgeschenk.*

Ihre Frau wird diesen Tag nie vergessen. Besorgen Sie ein zeitloses Geschenk, das nicht schon morgen unmodern ist. Wie wäre es mit einem Schaukelstuhl, ideal zum Stillen und Wiegen des Babys? Oder einem Druck, einer Zeichnung oder einem Gemälde von einer Mutter mit Kind – oder besser noch, einer Mutter, einem *Vater* und einem Kind? Oder ein paar Tabletts, um im Bett zu frühstücken (damit Sie sich noch eine Weile der Illusion hingeben können, nach der Geburt gäbe es auch für Sie und Ihre Frau Gelegenheit zum Frühstück im Bett, nicht nur für den Säugling an der Mutterbrust)?

Zum Muttertag schenkte ich meiner Frau eine Chaiselongue, die ich in Chicago in einem kleinen Antiquitätenladen erstanden hatte. Meine Frau erinnerte sich jedesmal an dieses Geschenk, wenn sie sich später darauf ausstreckte, um unsere Babys zu stillen.

122. Kaufen Sie einen guten Kindersitz für das Auto.

Besorgen Sie sich einen Sitz von der Sorte, bei der Sie das schlafende Baby herausnehmen können, ohne es zu wecken. (Sie werden den Kindersitz auch als Babywiege benutzen.) Vergessen Sie nicht, den Sitz mit ins Krankenhaus zu bringen; sie können Ihr Baby nur mit einem solchen Sitz im Auto mitnehmen – das ist Vorschrift. Wenn Sie knapp bei Kasse sind, leihen Sie sich zunächst einen Kindersitz.

Und geben Sie sich selbst das Versprechen, daß Sie nie vergessen werden, den Kindersitz zu benutzen.

123. Überlegen Sie, ob Ihr Auto sicher genug ist.

Ja, damals zur Universitätszeit war ich begeistert von meinem offenen Sportwagen (ein orange lackierter Karmann Ghia mit dem Spitznamen 'Kürbis'). Und natürlich fühlte ich mich ein wenig als Konformist, als ich dann beim Gebrauchtwagenhändler nach einem Panzer suchte, oder zumindest nach einem besonders sicheren Volvo. Aber ich mußte mir selbst gegenüber ehrlich sein: Der Karmann Ghia war dazu da, Frauen anzulocken, der Panzer oder der Volvo ist dafür da, Sie und Ihre Familie sicher von einem Ort zum anderen zu befördern. Außerdem brauchen Sie auf jeden Fall einen größeren Wagen, um demnächst Fahrräder, Hockeyschläger und ähnliche Objekte transportieren zu können.

124. Kurz vor Ankunft Ihres Babys: Geben Sie Ihrer Frau einen Geschenkgutschein über eine Pediküre, einen Bikini und eine Enthaarung der Oberschenkel.

Denken Sie daran, daß, wenn sie sich in der letzten Zeit nicht kritisch im Spiegel analysiert hat, sie sich wahrscheinlich nicht über den Zustand ihrer Oberschenkel, ihrer Beine und ihrer Füße im klaren ist. Sie wollen doch nicht, daß sie beim Anblick der Fotos oder Videos aus dem Kreißsaal verstört zurückschrickt, weil sie darauf so ‚fürchterlich' aussieht. Sie wollen, daß sie sich zurücklehnen kann mit dem Gedanken: »Alles bereit für die Nahaufnahmen, Herr Regisseur.«

125. Kaufen Sie für die folgenden Wochen auf Vorrat.

Besorgen Sie eine Reihe von leicht zuzubereitenden Gerichten, wie zum Beispiel Nudelgerichte mit den entsprechenden Soßen – und sorgen Sie dafür, daß diese Gerichte appetitlich aussehen. Denken Sie daran: hoher Nährwert, wenig Kalorien, damit Sie und Ihre Frau wieder in erstklassige Form kommen. Bringen Sie Ihre Frau auf keinen Fall zu leeren Schränken und leerem Kühlschrank zurück nach Hause, sonst wird sie Ihnen einen Blick zuwerfen (Auf dich ist ja nie Verlaß!), den Sie nie vergessen werden.

126. Kaufen Sie ein digitales Ohrthermometer (oder sagen Sie all Ihren Freunden, sie mögen doch bitte keine Haarbürsten mit Monogramm schenken, sondern sich an einer sinnvollen Anschaffung beteiligen).

Seit meinen Kindertagen haben wir es geschafft, einen Mann auf den Mond und Kinderthermometer vom Rektum ins Ohr zu befördern. Beides sind wichtige und bedeutende Leistungen. Üben Sie jetzt am Ohr Ihrer Frau, bis Sie das Thermometer mit einer einzigen Bewegung anstecken können; schließlich werden Sie dieses Instrument bald um drei Uhr morgens im Halbschlaf gebrauchen. Denken Sie daran, es jeweils für Kinder oder Erwachsene richtig einzustellen. Natürlich ist dieses Thermometer nicht ganz so exakt, aber dafür reduzieren Sie für Ihr Kind erheblich die unangenehme Seite der Prozedur.

127. Babykleider sind teuer, und Ihr Kind wird in wenigen Wochen aus den ersten Babysachen herauswachsen.

Rufen Sie diejenigen Ihrer Freunde an, die bereits ältere Kinder haben, und leihen Sie sich so viel wie möglich für Ihr Baby. (Anmerkung: Es ist sehr wahrscheinlich, daß Ihre Frau sich mehr Sorgen als Sie selbst über das Baby als Opfer der Mode macht, insbesondere nachdem Sie die Preisschilder an diesen Stoffprodukten in Miniaturausführung gesehen haben.)

128. Gehen Sie mit Ihrer Frau zu verschiedenen Kinderärzten (aber nur zu denen in der Nähe Ihrer Wohnung).

Während Sie im Wartezimmer des Kinderarztes sitzen (gutes Training für alle späteren Besuche), fragen Sie die anderen Eltern nach ihren Erfahrungen mit diesem Arzt. Wenn Sie mit sechs oder mehr Eltern gesprochen haben und keine eindeutigen Lobeshymnen vernommen haben, gehen Sie zurück zum Empfang. Bedanken Sie sich freundlich, und verlassen Sie die Praxis. (Denken Sie einmal darüber nach: Wenn ein Arzt gut ist und Ihrem Kind weitere Schmerzen erspart, so würden Sie doch eigentlich auf die Straße laufen und allen Menschen verkünden, wie phantastisch dieser Arzt ist.) Nachdem Sie schließlich einen Kinderarzt ausgewählt haben, fragen Sie, welches Krankenhaus er oder sie empfiehlt, wie viele Ärzte in dieser Praxis arbeiten, wie der Arzt außerhalb der Sprechstunden erreichbar ist (Krankheiten scheinen immer außerhalb der Sprechstunden zu beginnen). Wenn Sie auf dem Land leben, fragen Sie, ob der Arzt Hausbesuche macht (in der gesamten Medizin gibt es nichts Besseres). Wenn Sie Ihrem Apotheker trauen, fragen Sie ihn nach seiner aufrichtigen Meinung über den Arzt, den Sie sich ausgesucht haben.

129. Besuchen Sie die Säuglingsstation in Ihrem Krankenhaus.

Dies ist einer der großen Momente der gesamten Schwangerschaft: Sie und Ihre hochschwangere Frau starren durch die Glasscheibe auf eine ganze Horde von Neugeborenen. Wenn Sie jetzt nicht überzeugt sind, daß alles wirklich ist, dann ist Ihnen nicht zu helfen. Meine Frau und ich hatten große Mühe, uns von der Scheibe wieder zu lösen; es war fast zu schön, um wahr zu sein, daß wir in nur einigen Stunden, Tagen oder Wochen unser eigenes Baby anstarren würden. Es ist ein außergewöhnlicher Moment: junge Väter und Mütter, die auf dem Korridor entlangspazieren, einige noch am Tropf nach einem Kaiserschnitt, und alle mit einem trunkenen, erschöpften Gesichtsausdruck. Junge Großeltern laufen strahlend auf und ab, Freunde mit Blumensträußen in der Hand stürzen herein, umarmen die glücklichen Eltern, und die kleinen Winzlinge schlummern zum großen Teil friedlich hinter der Scheibe, einige mit leicht schmerzlich verzogenen Gesichtsausdrücken (wegen der Blähungen), als ob sie versuchten, diese neue Welt zu verstehen, andere mit freundlich geschürzten Lippen, und alle warm eingepackt in ihren Bettchen. Sie sind ein kompletter Hohlkopf, wenn Sie diesen Moment nicht nutzen und Ihrer Frau etwas Bestätigendes ins Ohr sagen (es kann so schmalzig und kitschig sein, wie Sie wollen, Ihre Frau wird Ihnen alles glauben). Machen Sie ihr eine Liebeserklärung und sagen ihr, wie dankbar Sie dafür sind, daß sie sich mit Ihnen so weit vorgekämpft hat, bis zu diesem vorletzten Moment der Schwangerschaft. Sie wird sich ihr ganzes Leben an diesen Augenblick erinnern, wird ihn sich wieder vorstellen, während sie das Essen kocht oder sich die Nägel lackiert.

130. Vor der Geburt Ihres Babys ist es eine gute Idee, ein wenig Zeit mit anderen Vätern, Babys und Kindern zu verbringen.

Das überraschte Gefühl, wenn Sie Ihr Baby schließlich auf dem Arm halten, wird auf diese Weise ein wenig gemildert. Beobachten Sie einen Vater (den Sie respektieren) in Aktion: wie er den Säugling hält, wie er mit ihm spielt, wie er mit seinem Kind spricht, wie er die Windeln wechselt, wie er sich seiner Frau gegenüber verhält, wie er und seine Frau ihre Bemühungen um das Baby aufeinander abstimmen. Wenn Sie später einen Tip oder Ratschläge brauchen, so hilft Ihnen vielleicht dieser Freund weiter.

Interessanterweise macht es Männern, die ansonsten nie darauf kämen, ihre persönlichen Gedanken oder Gefühle anderen mitzuteilen, überhaupt nichts aus, sich über ihre Vaterschaft mit anderen Männern auszutauschen. Ich war mit zwei guten Freunden bei einem Baseballspiel der New Yorker Yankees, und kurz vor Spielende lagen die Yankees unschlagbar weit vorn. Wir begannen, uns hochzufrieden und gesättigt zu fühlen wie römische Kaiser bei einer Orgie, und wir fingen an, uns Geschichten aus dem Kreißsaal zu erzählen. Kriegsberichte. Ich dachte, vielleicht wäre es besser, im Stadion nicht so laut über solche Dinge zu sprechen. Dann merkte ich, wie mir jemand auf die Schulter klopfte. Es war ein Vater hinter uns, der uns unbedingt seine eigene Geschichte von Wehen und Geburt erzählen wollte.

131. Machen Sie einen Lehrgang in Erster Hilfe und Rettungsmaßnahmen für Säuglinge.

Ich war ernsthaft erschrocken, als unser Lehrer ein Dutzend Beispiele von Situationen aufzählte, in denen Eltern das Leben ihrer Säuglinge durch unbewußte Nachlässigkeit aufs Spiel gesetzt hatten. Bei all diesen Beispielen hatten die Eltern nicht begriffen, daß das Leben eine neue Richtung eingeschlagen hat, sobald das Baby geboren ist. Ein Handtuch ist kein Handtuch. Papier ist kein Papier. Plastik ist kein Plastik. Wasser ist kein Wasser. Elektrizität ist keine Elektrizität. Was sind all diese Dinge? Potentielle Mordinstrumente. Früher nannte man so etwas »Gehirnwäsche«, aber wir wurden nur zu berechtigt entsprechend neu programmiert. Nach ein paar Minuten schaute ich zu meiner Frau hinüber. Ihr Gesicht war gerötet, ihre Finger zitterten. Dann zog sie die Augenbrauen zusammen, beugte sich zu mir herüber und flüsterte in mein Ohr: »Du siehst aus, als hättest du gerade einen Geist gesehen.«

Und irgendwie hatte sie Recht. Die Geister von all den Dingen, die möglicherweise schiefgehen können – im Leben, nicht nur in der Schwangerschaft. Ich mußte an meine fürchterliche Angst denken, als ich zum ersten Mal die Szenen unter der Dusche im Hitchcock-Film Psycho gesehen hatte – aber diese Szenen dauern nur etwa eine Minute, und dieser Vortrag hatte eine Dauer von über dreieinhalb Stunden.

Es ist ähnlich wie beim Militär: Einer redet, alle hören zu. Keine Notizen. Man trainiert an makabren Kindpuppen, die im Raum herumgereicht werden, von einem verstörten Elternpaar zum nächsten. Als ich schließlich bei der Plastikpuppe Mund-zu-Mund-Beatmung durchführen sollte, fragte ich mich, ob ich nicht in meinem Eifer die Plastiklungen zum Zerspringen bringen würde.

Aber der Lehrgang erfüllt seinen Zweck, und Sie sollten ihn unbedingt mitmachen. Acht Monate später waren wir mit unserer kleinen Tochter in Kalifornien, und während sie auf dem Teppich herumkrabbelte, sahen wir plötzlich, wie ihr Mund zu Kaubewegungen ansetzte. Wir wußten instinktiv, wie wir unsere Finger in ihren Mund haken mußten, um die Glasscherbe herauszuziehen. Und wir vermieden von Anfang an Situationen, aus denen überhaupt erst Katastrophen entstehen können. Nach diesem Kurs wird es Ihnen ganz einfach nicht mehr einfallen, ein Handtuch zu holen, während Ihr Kleinkind in der Badewanne ist. Wenn Sie es nicht hinter sich greifen können, ohne sich umzuwenden, rufen Sie Ihre Frau, damit sie Ihnen das Handtuch bringt. Denken Sie daran: Ein Handtuch ist ganz einfach nicht mehr nur ein Handtuch.

Die einzige Frage ist, wann Sie diesen Lehrgang besuchen. Gegen Ende der Schwangerschaft, wenn Sie es eigentlich tun sollten? Oder in den hektischen Tagen zu Beginn Ihrer Elternschaft, wenn Sie es schließlich müssen? Die Entscheidung liegt bei Ihnen. Aber machen Sie auf jeden Fall diesen Lehrgang.

132. *Wie genau sollen Sie reagieren, wenn Sie sehen, daß sich der dicke Bauch Ihrer Frau innerhalb von Minuten von einer weichen Pyramide zuerst in einen Würfel, dann in ein großes Ei und schließlich in ein Art Glocke verwandelt?*

Sie sind überzeugt davon, daß es ihr Schmerzen bereitet. Wahrscheinlich haben Frauen seit den Zeiten der Höhlenmenschen ihre Männer immer wieder gebeten, die Hand auf ihren Bauch zu legen – und meistens ist es genau in dem Moment, wenn er die Hand wieder wegnimmt, daß das Baby tritt oder sich dreht. Einige Männer finden das Warten langweilig oder irritierend, einige Frauen finden es irritierend, daß ihre Männer irritiert sind, und so beginnt ein Kommunikationsproblem zwischen den Partnern, das mit den Vorwürfen endet, dem Baby würde Streß verursacht.

Ergreifen Sie die Initiative. Stellen Sie sich mit Ihrem Bauch gegen den Bauch Ihrer Frau, oder legen Sie sich neben sie, so daß Sie die Tritte und Bewegungen des Babys fühlen können. Oder legen Sie Ihre Hand auf ihren Bauch, während Sie im Bett lesen oder sich ausruhen. Natürlich werden Sie nur ein ungefähres Gefühl davon bekommen, was Ihre Frau empfindet. Mit Sicherheit werden Sie nie erfahren, wie es wäre, wenn Sie ein Baby in Ihrem Bauch tragen würden. Aber Sie zeigen Ihrer Frau, daß Sie sich um sie kümmern.

Wenn Sie es noch nicht getan haben,
installieren Sie ein Alarmsystem
für Rauchentwicklung und Einbrüche.

---

133. »Was? Das Baby ist noch nicht da?« »Was? Das Baby ist immer noch nicht da?« »Wirklich? Das Baby ist bis jetzt noch nicht da?«

Hier haben Sie ein paar Antworten auf diese Fragen (oder noch besser, Vorschläge, wie Sie diese Dialoge vermeiden können). Vielleicht möchten Sie die Nachricht auf Ihrem Anrufbeantworter ändern: «Nein, noch nicht, wir warten noch (*biep*).« Obwohl es alle gut meinen, werden Sie von der endlosen Fragerei verrückt. Nein, Sie haben immer noch kein Baby bekommen, aber Ihnen und Ihrer Frau ist dies tatsächlich auch aufgefallen. Haben Sie Geduld. Erinnern Sie sich daran, vor langer Zeit, bevor Sie die wunderbare Erfahrung dieses letzten Abschnitts einer Schwangerschaft machen durften, haben auch Sie sicherlich schon einmal genau diese Frage gestellt.

Oder Sie greifen zur Notlüge: Neun Monate lang erzählen Sie allen Ihren Freunden und Verwandten, daß der erwartete Entbindungstag Ihrer Frau zwei Wochen später ist als der wirkliche Termin. Dann werden Sie hören: «Oh, Sie waren ja früh dran. Muß wohl eine einfache Entbindung gewesen sein.« Jetzt können Sie still vor sich hin lächeln.

134. Bekommen Sie keine kalten Füße.

Allen Umständen zum Trotz könnten Sie plötzlich den Wunsch verspüren, daß das Baby sich noch ein wenig Zeit lassen möge. Dieser Wunsch ist völlig irrational – mit Sicherheit in totalem Widerspruch zu den Tagträumen Ihrer Frau, die sich bereits als stillende Mutter sieht –, aber es gelingt Ihnen nicht ganz, diese Hoffnung aus Ihren Gedanken zu verbannen. Warum? Haben Sie vorher noch einen wichtigen Termin im Büro? Sind Sie finanziell noch nicht so weit? Haben Sie Angst vor dem Kreißsaal? Machen Sie sich Sorgen, daß die Schwangerschaft ein Kinderspiel ist im Vergleich zur Vaterschaft?

Ich weiß, daß mir dieser letzte Punkt am meisten zu schaffen machte. Ich fühlte mich wie bei einem Alptraum: plötzlich völlig unvorbereitet, als ob ich für die falsche Prüfung (Schwangerschaft) gepaukt hätte, statt mich auf die eigentliche Prüfung vorzubereiten (Elternschaft). Ich hatte Angst vor dem Unbekannten: schlaflose Nächte, wenn unser Kind Ohrenschmerzen und Fieber bekam oder sich mit anderen Kindern auf den Spielplätzen meiner Phantasie prügelte. Damals wußte ich noch nicht, daß ich gern Vater sein würde – und wie hätte ich mir dessen sicher sein können? Ich wußte nicht, wie sehr es mir Freude machen würde, die Welt wieder durch die Augen eines Kindes wahrzunehmen. Meine Frau meinte, ich würde schon alles richtig machen – aber woher wollte sie das denn so genau wissen?

Machen Sie sich in dieser Phase nicht verrückt – alles geht seinen normalen Gang. Seien Sie so konstruktiv, wie Sie können. Machen Sie die letzten Verbesserungen im Kinderzimmer, kaufen Sie noch einmal ein, um eine volle Speisekammer zu haben, sprechen Sie mit anderen Vätern über die Rolle des Mannes während der Entbindung.

135. Machen Sie Fotos von Ihrer Frau, solange sie noch schwanger ist.

Bekleidet. Nackt. Im Stehen. Im Liegen. Machen Sie schmeichelhafte Bilder, die die runde Form ihres dicken Bauches hervorheben. Benutzen Sie weiches Licht von der Seite, entweder am frühen Morgen oder am späten Nachmittag. Kein Blitzlicht. Nehmen Sie auch einmal einen Schwarzweißfilm, der die Konturen besser darstellt, weniger offensichtlich und mit weniger negativen Details. Sie werden später froh sein, wenn Sie diese Bilder haben, und Sie werden beide nicht mehr glauben können, wie riesig ihr Bauch war.

Dann rahmen Sie ein Bild von ihr. Wickeln Sie es nett ein, und legen Sie es auf ihren Nachttisch.

136. Aufräumen: Zerstören Sie alle unvorteilhaften Fotos Ihrer schwangeren Frau, bevor sie diese Bilder zu sehen bekommt.

137. Kaufen Sie Ihrer Frau ein paar Wochen vor der Geburt ein Geschenk (aber geben Sie es ihr noch nicht).

Stellen Sie sich die Szene vor: Ihre Frau stillt gerade das neugeborene Baby, die Sonne scheint zum Fenster herein, Ihre Frau ist erschöpft, aber träumerisch zufrieden, und Sie wollen Ihrer Dankbarkeit Ausdruck verleihen für alles, was sie durchgemacht hat, um Ihnen eine so große Freude zu bereiten. Mit Schmuck können Sie eigentlich nichts falsch machen, aber denken Sie daran, daß ein Ring zu diesem Zeitpunkt (sie behält Wasser zurück) nicht auf ihren Finger passen wird. Eine Perle ist vielleicht die beste (und teuerste) Lösung – denn eine Perle durchläuft auch einen Wachstumsprozeß. Oder versuchen Sie, einen Armreif zu finden, in den Sie später das Geburtsdatum und die Uhrzeit eingravieren können. Verstecken Sie das Geschenk, so daß sie es nicht zufällig entdeckt, halten Sie eine Glückwunschkarte bereit, aber schreiben Sie diese Karte noch nicht (warten Sie bis nach der Entbindung, wenn Sie das Gefühl haben, Sie sollten Ihre Empfindungen zu Papier bringen). Machen Sie sich eine Notiz im Kalender, damit Sie daran denken, das Geschenk zu überreichen, denn Sie werden geschockt sein von der Vielzahl der Dinge, die Sie in den ersten hektischen Tagen nach der Geburt vergessen – und das Allerletzte, das Sie von ihr hören wollen, ist die vorsichtige *Frage* nach einem Geschenk.

138. Wenn ältere Geschwister da sind, kaufen Sie ihnen Geschenke (vom Neugeborenen).

Sie wollen sicher sein, daß diese Geschenke genau richtig sind (sonst wäre das Geschwisterverhältnis ernsthaft belastet), deshalb müssen Sie genau zuhören und herausfinden, was die Geschwister sich wirklich wünschen. Packen Sie die Geschenke nett ein, besorgen Sie Glückwunschkarten (die Sie schreiben werden, wenn Sie den Namen des Babys kennen), und verstecken Sie diese Geschenke zusammen mit dem Geschenk für Ihre Frau.

Machen Sie sich keine Sorgen darüber, daß die älteren Geschwister bemerken werden, daß dieses schreiende, nuckelnde und fast haarlose Geschöpf nicht in einen Spielwarenladen gelaufen ist, um der Verkäuferin seine Kreditkarte zu präsentieren. Die älteren Geschwister werden praktischerweise die Rationalität für diesen wichtigen Moment zur Seite schieben.

139. Packen Sie die Krankenhaustasche Ihrer Frau Wochen vor dem eigentlichen Termin.

Machen Sie Ihre Frau sprachlos, indem Sie versuchen, an alles zu denken: Toilettenartikel, Kaugummi, Socken und Pantoffeln, Lippenstift, reichlich Unterwäsche, Zeitschriften, Binden, Make-up und die Babyausrüstung mit einem Hütchen (für die Sonne oder die Kälte), einer Wintertasche (je nach Bedarf), einer Umhängetasche und Windeln. Was noch? Einen kleinen Spiegel (ohne scharfe Kanten), so daß sie sehen kann, wie das

Baby herauskommt (wenn sie will). Ihr Lieblingswaschlappen, damit Sie ihr damit die Stirn wischen können. Eine Familienpackung mit Fruchtsäften und verschiedene Snacks, einschließlich Energiespendern wie Studentenfutter. Leichte Lektüre zum Vorlesen während der Wehen, um die Spannung abzubauen. (Vertrauen Sie nicht auf Ihr Talent, Geschichten zu erzählen, es könnte Sie gerade an diesem Tag im Stich lassen.) Ihr privates Adreß- und Telefonbuch, mit den Nummern der Verwandten und Freunde. Einen Kugelschreiber und Papier. Dann schreiben Sie eine Liste von Dingen, die gemacht werden müssen; legen Sie diese Liste auf die Tasche. Wichtige Fragen für die Liste: Wer soll angerufen werden, wer soll sich um die Geschwister, Katzen oder Hunde kümmern? Wer muß am Arbeitsplatz benachrichtigt werden? Wer ist der Ersatzfahrer, wenn Sie für die Fahrt zum Krankenhaus einen brauchen sollten? Andere wichtige Aufgaben? Stellen Sie sich vor, daß Ihr Gehirn im kritischen Moment nicht funktionsfähig sein wird, denn genau das wird wahrscheinlich geschehen. Organisieren Sie alles auf idiotensichere Art und Weise. Stellen Sie die Tasche unter Ihr Bett, mit der Liste und mit einem Stift.

140. Packen Sie Ihre Übernachtungstasche Wochen vor dem eigentlichen Termin.

Viele Männer hassen es, ihre Koffer selbst zu packen. Aber jetzt ist nicht der richtige Zeitpunkt für Ihre fast explodierende Frau, sich über Ihre Schubladen zu beugen, um Ihre Sachen zusammenzupacken. Packen Sie nur solche Sachen ein, die Sie ohne Skrupel zerstören wollen, denn eine Geburt ist eine schmierige Angelegenheit. Sie werden Ihre Frau umarmen, während sämtliche Körperflüssigkeiten aus ihr herauslaufen, Sie werden ein Baby in den Armen wiegen, bevor diese Flüssigkeiten abgewischt werden, und vielleicht werden Sie die Nabelschnur durchtrennen ohne Gewähr, daß Ihnen dabei nicht diverse Flüssigkeiten auf die Brust spritzen. (Haben Sie keine Angst, es wird sich alles ganz natürlich anfühlen!) Wenn Sie über Nacht bleiben sollten, packen Sie Ihre Toilettenartikel ein (denken Sie zum Wohle aller auch an Deodorant), Mundspülung (die Nase Ihrer Frau könnte plötzlich nicht mehr verstopft sein, und sie würde dann sicherlich Ihren schlechten Atem bemerken), ganz besonders bequeme Schuhe (wie zum Beispiel Laufschuhe), Pullover, extra Unterwäsche, extra Socken, einen Pyjama für die Übernachtung, Ohrenstöpsel, ein Buch oder Zeitschriften und Ihr Buch mit den Babynamen, wenn Sie sich immer noch nicht für einen Namen entschieden haben.

Packen Sie auch einen kleinen Kassettenrekorder und einige Kassetten mit entspannender Musik ein (beruhigende Filmmusik oder Naturklänge), damit Sie den (streßigen) Krankenhauslärm ausblenden können. Was noch? Ihre Kamera und/oder Ihre Videokamera. Denken Sie an extra Batterien. Kleine Geschenke. Stecken Sie all diese Dinge in einen kleinen Rucksack, so daß Sie sie auf Ihrem Weg von einem Klinikraum in den nächsten und schließlich auch nach Hause mitnehmen können, wenn Sie nicht die Nacht über dableiben.

141. Was Sie nicht mit ins Krankenhaus bringen sollten:

Teuren Schmuck oder Uhren, persönliche Erinnerungsgegenstände, Termin- und Adreßbücher, die vorher nicht kopiert wurden, elegante Kleidung – mit einem Wort, alles, was Sie vermissen würden, wenn es verloren oder kaputt ginge. Konzentrieren Sie sich auf Ihre Frau und auf die Geburt Ihres Babys.

142. Organisieren Sie Ihre Geschäftstermine in einer Weise, daß Sie bereits einige Wochen vor der Entbindung nicht mehr allzu weit fort müssen.

Vielleicht müssen Sie ein paar Jobangebote opfern, aber das ist immer noch besser als das Nägelkauen beim Versuch, einen Flug zu bekommen, der Sie rechtzeitig zur Geburt Ihres Kindes bringt.

Noch vor der Geburt unserer Babys trafen meine Frau und ich einmal zwei Männer in der Schlange am Taxistand vor dem Flughafen in Newark. Einer der beiden Männer hatte ein Handy am Ohr und versuchte, seine Frau – die mit einsetzenden Wehen im Krankenhaus in Boston eingetroffen war – davon zu überzeugen, daß sie sich ein wenig zurückhalten solle, bis er es nach Boston geschafft habe. Er war von Miami nach Newark geflogen, da alle Direktflüge voll gewesen waren; nun hoffte er, die Schlange zu bewältigen, um mit dem Taxi zum Flughafen La Guardia auf der anderen Seite von New York zu gelangen, wobei er glaubte, es würde ihm irgendwie gelingen, den Feierabendverkehr zu überlisten. Dann wollte er ins erste Flugzeug nach Boston springen und es noch rechtzeitig zur Geburt seines Kindes bis ins Krankenhaus schaffen.

Ich fragte den Kollegen des Mannes, wie sein Freund es geschafft hatte, sich dermaßen zu verheddern. »Ach … sie hatten eigentlich geplant, das Kind *nächste* Woche zu bekommen.«

Meine Frau drehte sich zu mir um. »Wenn ich in Boston meine Wehen hätte und du würdest hier in der Schlange stehen, wüßte ich genau, wohin ich dich schicken würde.«

Als Zeichen unseres guten Willens bot ich dem Mann unser Taxi an, aber er war zu beschäftigt, um unser Angebot wahrzunehmen – er versuchte, den Arzt seiner Frau zu beschwören, die Wehen aufzuhalten.

143. *Zahlen Sie alle Ihre Rechnungen, damit Sie nicht mit solchen Dingen belästigt werden, wenn das Baby gerade geboren ist.*

Wenn Sie in den Wolken schweben, bringt nichts Sie auf abruptere Art und Weise wieder auf den Erdboden als eine Mahnung oder eine Zahlungsaufforderung. Schaffen Sie sich selbst ein wenig Freiraum, damit Sie länger in lichten Höhen schweben können.

144. *Versehen Sie widerlich lautende technische Schwangerschaftseinzelheiten mit neuen Namen – Sie werden sich besser fühlen.*

Ich haßte die Bezeichnung »Schleimpfropfen«. Es hörte sich an wie etwas, das man auf dem Sportplatz in einer Ecke findet. Ich persönlich war nicht geneigt, meinen Penis in die Nähe eines Schleimpfropfens zu stecken. Also entschied ich mich, die Angelegenheit in »Geburtskorken« umzubenennen. Die Idee hatte ich von Picasso, der auf einigen Bildern Frauen als Weinflaschen dargestellt hat. »Geburtskorken« läßt mich an Euphorie, Trunkenheit, Erdverbundenheit und Feier denken – angenehme Assoziationen. Wie immer Sie es nennen wollen, das Ding hat Bakterien von Ihrem Baby abgehalten, indem es den Gebärmutterhals hermetisch verschloß, und manchmal springt es einige Tage oder Stunden vor der Entbindung heraus. Werden Sie also nicht verrückt, wenn Ihre Frau Ihnen mitteilt, daß ihr »Geburtskorken« herausgesprungen ist. Aber rufen Sie Ihren Arzt an.

145. Wenn Sie gegen Ende der Schwangerschaft ungewollt Milch von den Brüsten Ihrer Frau kosten, spucken Sie die Milch nicht aus, und benehmen Sie sich auch sonst nicht lächerlich.

Wenn Sie es jedoch sexuell reizvoll finden, beherrschen Sie sich ein wenig, damit Ihre Frau nicht den Eindruck bekommt, Sie wollten dem Baby die Milch streitig machen. Andererseits möchten viele Frauen, daß ihre Männer einmal von ihrer Milch kosten – mindestens ein einziges Mal.

146. Wenn Sie wegen falscher Wehen zum Krankenhaus rasen, wird Ihre Frau sich wahrscheinlich fühlen, als ob sie versagt habe.

Statt sich darüber zu beschweren, wie müde Sie am nächsten Morgen sein werden, begreifen Sie diese Fahrt als einen guten Trainingslauf – einen harmlosen Test – für die richtige Fahrt zum Krankenhaus. Waren Ihre Taschen bereit? Mit allen Instruktionen für Geschwister und Haustiere? Wußten Sie noch den Weg zum Krankenhaus? Wie sehr konnten Sie Ihre Frau unterstützen? Seien Sie ehrlich: Sind Sie ausgeflippt? Sind Sie ausgerastet?

Denken Sie daran – und erinnern Sie auch Ihre Frau zum hundertsten Mal daran –, daß voraussichtliche Geburtsdaten nur ungefähre Daten sind! Kaum jemand glaubt an diese simple Wahrheit. Wenn Ihre Frau das Gefühl bekommt, daß sie versagt hat (spät gleich verspätet gleich nachlässig), so führt dieses Gefühl zu mehr Angst und Beklemmung und damit zu mehr Streß. Und Streß ist der Feind der Wehen. Übernehmen Sie das Kommando. Rufen Sie häufig bei ihrem Frauenarzt an; vielleicht schlägt er Ultraschalluntersuchungen vor.

147. Versuchen Sie, Sex zu haben, um die Wehen einzuleiten.

Es klappt – mindestens in einigen Fällen. Das Oxytocin in Ihrer Samenflüssigkeit könnte dabei helfen, daß die Wehen einsetzen. Während Sie mit ihren Brustwarzen spielen, helfen Sie wahrscheinlich ihrem Körper, für die Wehen notwendige Hormone zu produzieren. Meine Freunde Virginia und Tom haben es versucht. »Am Anfang war es schwierig«, erzählte mir Virginia. »Ich fühlte mich wie ein Zeppelin. Aber sobald wir fertig waren, fingen die Wehen an. Wir riefen den Arzt an, packten unseren Koffer ins Auto und fuhren ins Krankenhaus.« Es gibt hierfür allerdings keine Garantien, wie Mark und Gabrielle, ein anderes Ehepaar aus unserem Freundeskreis, kürzlich herausgefunden haben. Gabrielle war überfällig, und sie war bereits seit drei Tagen im Krankenhaus, als ihr Arzt verkündete, wenn ihre Wehen nicht bis zum nächsten Morgen eingesetzt hätten, müßten sie mit einem Oxytocin-Tropf eingeleitet werden. »Wir müssen es einfach mit Sex versuchen«, grollte Gabrielle zu ihrem Mann, sobald der Doktor das Zimmer verlassen hatte. Aber wo soll man in einem Krankenhaus Sex haben? Keine Schlösser an den Türen. Man kann auch nicht den kleinen Vorhang ums Bett ziehen, wenn die Krankenschwestern alle fünf Minuten hereinkommen. Man kann sich einfach nicht verstecken ... außer im Badezimmer. Mark und Gabrielle liebten sich unter der Dusche – eine beachtliche Leistung für eine Frau, die über dreißig Kilo bei ihrer Schwangerschaft zugenommen hatte! Leider gelang es ihnen nicht, die Wehen einzuleiten, aber der Versuch hat ihnen auch nicht geschadet.

148. Wenn alles andere fehlschlägt, sehen Sie sich den Scorsese-Film »Wie ein wilder Stier« an.

Meine Frau war bei beiden Schwangerschaften zwei Wochen überfällig, und in beiden Fällen hatte der Frauenarzt gedroht, am nächsten Tag die Wehen einzuleiten. Beide Male versuchten wir es mit Sex, und beide Male lagen wir daraufhin im Bett, blickten auf ihren Bauch in der Hoffnung auf irgendeine Andeutung von Wehen, und bei beiden Gelegenheiten schien es, als ob wir einen Dokumentarfilm über eine auf einem Blatt ruhende Schnecke in Zeitlupe sehen würden: Es passierte absolut gar nichts. Beim ersten Mal versuchte ich, meine Frau (und mich) abzulenken. Ich schaltete den Videorecorder ein und legte *Wie ein wilder Stier* (den Boxerfilm von Martin Scorsese) ein. Sofort begannen bei meiner Frau heftige und intensive Wehen. Bei der zweiten Schwangerschaft hatten wir es wiederum mit Sex versucht – ohne Erfolg –, und ich legte mehr zum Spaß den gleichen Film ein. Meine Frau reagierte sofort: Auf der Stelle setzten die Wehen ein. War es eine gedankliche Assoziation? Gibt es eine bisher unbekannte Verbindung zwischen Boxermelodramen und Wehen? Wer weiß ...

149. Hören Sie auf Ihre Frau (und nur auf Ihre Frau), wenn sie glaubt, daß die Wehen eingesetzt haben.

(Selbst wenn sie nicht Recht behalten sollte, wird sie es Ihnen positiv anrechnen, daß Sie ihr geglaubt haben.)

Wenn es Ihre erste Schwangerschaft ist und Ihre Frau noch nie vorher Wehen gehabt hat, so könnten Sie dem Irrtum verfallen und auf irgendeinen Krankenhausangestellten hören, der Ihnen freundlich auf die Schultern klopft und Sie wieder zur Tür heraus schiebt, mit der Bitte, später wiederzukommen. Fallen Sie nicht darauf herein. Frauen wissen, wann die Zeit gekommen ist. Punkt. Ein Freund berichtete mir von einer schwangeren Frau, die auf Anraten des Krankenhauspersonals wieder nach Hause fuhr, entgegen ihren eigenen Instinkten. Als sie und ihr Mann gerade von der Garage ins Haus gehen wollten, drehte sie sich zu ihrem Mann um: »Liebling, steig sofort wieder ein, ich bekomme jetzt gleich ein Baby.«

Unglücklicherweise kamen sie in einen Verkehrsstau, und sie bekam ihr Baby auf dem Rücksitz des Wagens. Sie fuhren am Krankenhaus direkt bei der Zufahrt für Notfälle vor, das Baby immer noch mit der Nabelschnur verbunden. Sie können sich vorstellen, was im Krankenhaus los war!

150. Gehen Sie niemals davon aus, daß die Wehen beim zweiten Mal genau so lange dauern werden wie beim ersten Mal.

Die erste Entbindung unserer Freundin Jean war endlos gewesen: vier oder fünf Stunden leichte Wehen, zwölf Stunden starke Wehen, dann Oxytocin-Tropf, dann noch einmal zwölf Stunden – Zeit genug, um von der Antarktis bis zu ihrem Krankenhaus im nordwestlichen Connecticut zu gelangen. Aber als sie und ihr Mann sich bei ihrer zweiten Entbindung gerade auf den Weg ins Krankenhaus machen wollten, da die Wehen soeben eingesetzt hatten, drehte Jean sich um und sagte: »Laß uns wieder ins Haus gehen. Ich bekomme jetzt dieses Baby.« Ihr Mann Frank entgegnete: »Wir haben noch genug Zeit. Bis zum Krankenhaus brauchen wir höchstens fünfundzwanzig Minuten.« »Ich bekomme dieses Baby *jetzt sofort*!« Jeans Antwort war eindeutig, es gab keine weitere Diskussion mehr. Frank rief den Rettungsdienst. Innerhalb von Minuten trafen fünfzehn Sanitäter in ihrem Wohnzimmer ein, und Jean bekam in kürzester Zeit ein kleines Mädchen.

151. Entdecken Sie Ihre eigenen Methoden, um Ihre Frau während der Wehen zu beruhigen.

Hören Sie auf Ihre Frau, und beobachten Sie ihren Körper, um die Anzeichen zu bemerken. Bei der ersten Entbindung seiner Frau fand Hamilton nichts Beruhigenderes für seine Frau als Wassergüsse über ihren Bauch, vor und nach jeder Kontraktion, während sie in der Badewanne saß. Als bei Lauri dann die Wehen zur Geburt ihres zweiten Kindes begannen, setzte Hamilton sie unter die Dusche, holte sich einen Liegestuhl vom Hof, stellte den Wasserstrahl an und maß die Abstände zwischen den Kontraktionen nach ihren Angaben.

Solche Dinge werden Ihrer Frau bei der Erinnerung die Tränen in die Augen steigen lassen. Vielleicht ist es nicht unbedingt der Liegestuhl neben der Dusche, aber Sie werden sicherlich herausfinden, wie Sie Ihrer Frau während der Wehen Ihre Liebe beweisen können.

152. Was Sie wissen sollten: Hunde bemerken, wenn es soweit ist.

Meine Freunde Marina und Caleb diskutierten darüber, ob ihr Fruchtwasser bereits herauslief, als ihr Hund Muttley zu Marina auf die Couch sprang (höchst ungewöhnlich) und sie mit großer Zärtlichkeit abzulecken begann (höchst ungewöhnlich). Dann folgte er ihr in das Badezimmer (höchst ungewöhnlich). Nachdem Marina sich abgewischt hatte, schnüffelte er am Toilettenpapier (höchst ungewöhnlich) und machte merkwürdige Laute (höchst ungewöhnlich). Das Toilettenpapier zeigte einen hellrosa Flecken. Marina sagte: »Ich wette, das ist mein Fruchtwasser.« Caleb entgegnete: »Bestimmt nicht.« Muttley *bellte*. Fast zur gleichen Zeit fühlte Marina Krämpfe, zuerst alle drei Minuten, dann alle zwei Minuten. »Die Wehen haben angefangen«, sagte Marina. »Das sind falsche Wehen«, behauptete ihr Mann. In der Zwischenzeit tat Muttley alles nur Erdenkliche, um Aufmerksamkeit zu erregen. Schließlich ging Marina zum Telefon und rief ihren Arzt an. »Mein Mann glaubt nicht, daß meine Wehen eingesetzt haben, aber mein Hund ist überzeugt davon!«

Die Geburt fand noch in derselben Nacht statt.

Machen Sie Notizen von den Kontraktionen Ihrer Frau. *Schreiben Sie die Uhrzeit und die Dauer der Kontraktionen auf, damit Sie diese Informationen dem Arzt geben können. Und bewahren Sie diesen Zettel unbedingt auf! Es wird später einmal ein rührendes Erinnerungsstück an die Schwangerschaft sein. Ihre Frau wird es stolz ihrer Mutter und ihren Freundinnen zeigen, wenn sie Entbindungsgeschichten austauschen.*

---

153. Meine Herren, lassen Sie die Motoren an.

Es ist so weit. Sie haben dem Arzt Bescheid gesagt, und er hat Ihnen geraten, sich auf dem schnellsten Wege ins Krankenhaus zu begeben. Atmen Sie tief durch, sagen Sie zu Ihrer Frau »Du bist phantastisch« oder »Ich liebe dich« oder »Du schaffst das schon«, oder sagen Sie alles zusammen, und dann machen Sie sich auf den Weg.

Vor der Abfahrt sollten Sie den Herd und sonstige Küchengeräte kontrollieren und abstellen. Dann schnappen Sie sich Ihren Koffer und den Koffer Ihrer Frau, gehen noch einmal Ihre Checkliste durch, suchen die Hausschlüssel und die Wagenschlüssel. Nehmen Sie jetzt Ihre Frau am Ellbogen, öffnen Sie die Tür und gehen Sie hinaus. Schließen Sie ab.

Wenn Winter ist, seien Sie besonders vorsichtig, damit Ihre Frau nicht auf dem vereisten Bürgersteig ausrutscht. Beruhigen Sie Ihre Frau. Sagen Sie ihr, daß alles wie geplant läuft. Wenn Sie mit dem Auto fahren, lassen Sie Ihre Frau hinten sitzen – dort ist mehr Platz, und dort ist es sicherer. Legen Sie Ihrer Frau den Sicherheitsgurt an und geben Sie ihr einen Kuß. Wenn es draußen friert und der Wagen nicht sofort anspringt, keine Panik. Rufen Sie einen Nachbarn oder ein Taxi.

Fahren Sie vorsichtig. Sie kennen den Weg (es ist einfach nur ein dummes Klischee, daß man so etwas vergessen kann). Fahren Sie nicht zu schnell, selbst wenn Ihre Frau jammert, daß sie das Baby im Auto bekommt – Sie wollen nicht das Leben Ihrer Frau und Ihres Babys, Ihr eigenes Leben oder das Leben irgendeines anderen Verkehrsteilnehmers gefährden. Normalerweise haben Sie mehr Zeit, als Sie annehmen, und wenn Sie einen Unfall bauen, werden Sie sich Ihre Dummheit endlos vor Augen führen, während die Wehen kein Ende nehmen.

Auf jeden Fall vermeiden Sie, wegen irgendeiner Kleinigkeit die Beherrschung zu verlieren, wie zum Beispiel wegen des Wagens vor Ihnen, der bei Grün etwas länger braucht, um endlich anzufahren. Ihre Frau könnte ernsthaft befürchten, daß Sie die Kontrolle über die Situation verlieren. Sie hat sich völlig darauf verlassen, daß Sie während der Wehen und während der Entbindung die Ruhe behalten. Enttäuschen Sie sie nicht! Wenn Sie im Krankenhaus ankommen, fahren Sie auf den

Parkplatz, nehmen Sie Ihren Parkzettel in Empfang, stecken Sie ihn in Ihre Brieftasche und gehen Sie hinein. Stützen Sie Ihre Frau und gehen Sie in Richtung Wehenzimmer.

Wenn Sie einem Taxi winken, übertreiben Sie nicht. Schwenken Sie auf keinen Fall beide Arme in Verzweiflung, sonst fährt der Fahrer wahrscheinlich weiter. Wenn noch andere Leute auf ein Taxi warten, erklären Sie ihnen Ihre Situation. Wenn diese Leute nicht gerade verdienen, für den Rest ihres Lebens in ein sibirisches Gefängnis geworfen zu werden, so werden sie Ihnen sicherlich den Vortritt lassen. Sobald Sie im Taxi sitzen, bitten Sie den Fahrer mit ruhiger Stimme, vorsichtig zu fahren. Erzählen Sie ihm besser nicht, daß Ihre Frau dabei ist, ein Baby zu bekommen, sonst wird die Fahrt vielleicht wesentlich hektischer, als es sonst der Fall wäre. Geben Sie dem Fahrer ein gutes Trinkgeld und wünschen Sie ihm alles Gute (und denken Sie an die tolle Story, die er seinen nächsten Fahrgästen erzählen kann).

Wenn Sie im Krankenhaus ankommen, melden Sie sich schnell an. Denken Sie daran, mit dem Krankenhauspersonal ruhig zu sprechen – selbst wenn Ihre Stimme eine Tonlage höher als sonst ist.

Es ist soweit – aber Sie haben die Situation unter Kontrolle. Wirklich.

Wiederholen Sie sich diesen Satz leise: Ich habe die Situation unter Kontrolle.

Jetzt atmen Sie noch einmal tief durch. Sie haben es fast geschafft: Sie sind fast Vater.

Der Kreißsaal

154. Während Sie durch die Krankenhauspforte gehen, seien Sie sich darüber im klaren, daß es in der Nähe des Kreißsaals ein unsichtbares Schild gibt mit der Aufschrift: SIE BETRETEN JETZT DIE DÄMMERZONE.

(Langsam sich steigernde Musikuntermalung als Option.) Die eigentliche Entbindung kann Ihnen länger oder kürzer vorkommen, als sie eigentlich ist, aber Sie werden nicht in der Lage sein, ihre Dauer in Minuten, Sekunden oder Stunden zu messen. Sie werden elastische Millisekunden erleben: wenn der Kopf Ihres Babys erscheint, wenn Sie das Baby zum ersten Mal auf dem Arm halten, wenn der Doktor das Geschlecht des Babys verkündet oder wenn Sie Ihre Frau das erste Mal wieder umarmen können, mit Ihrem Kopf an den Kopf Ihrer Frau gelehnt, wobei Ihnen Tränen (wessen?) die Wangen herunterlaufen und Sie einen salzigen Geschmack auf den Lippen verspüren. Sie erleben andere Momente, die sich auszudehnen scheinen: schreckliche Ängste und nagende Sorgen, wobei Minuten zu Tagen oder Jahren werden können. Wenn Sie es überstanden haben, wird Ihr Gefühl für Zeit nie wieder dasselbe sein. Von jetzt an werden Sie immer mit zwei Zeitgefühlen leben, dem Ihren und dem Ihres Kindes. Sie werden den Kopf schütteln und feststellen, daß dies der Preis ist, den Sie dafür zahlen, daß Sie jetzt Vater sind. Lassen Sie es mich noch einmal sagen. Es lohnt sich.

155. Versichern Sie sich, daß Sie den richtigen Geburtsraum oder den richtigen Kreißsaal bekommen.

Entbindungsstationen sind hektische Orte, was bedeutet, daß Reservierungen vielleicht chaotischer ablaufen als in einem Hotel in Rio während des Karnevals. Mein Freund Hamilton und seine Frau Lauri mußten völlig entnervt feststellen, daß das ihnen angebotene Wehenzimmer über keine Badewanne verfügte. Als Hamilton darauf bestand, daß er ein Zimmer mit Badewanne reserviert habe, wurde er mit der (in allen Krankenhäusern der Welt zu hörenden) stereotypen Antwort abgefertigt: Es ist eine ungewöhnliche betriebsame Nacht zum Kinderkriegen (es muß wohl vor neun Monaten irgend etwas in der Luft gelegen haben), und alle Zimmer mit Badewannen sind leider belegt. Hamilton wußte, daß seine Frau durch den Wasserstrahl auf ihren Bauch außerordentlich beruhigt wurde. Deshalb bestand er nachdrücklich darauf, daß er unbedingt ein Zimmer mit Badewanne brauchte. Schließlich wurden Sie in ein Zimmer geführt, das große Ähnlichkeit mit einer vornehmen Hotelsuite aufwies – und natürlich auch eine Badewanne hatte. Seine Bemühungen hatten sich bezahlt gemacht, und er hatte seiner Frau ausführlich bewiesen, daß sie seiner Obhut vertrauen konnte.

Die Hauptsache ist: Fragen Sie. Fragen Sie mit Nachdruck, aber bleiben Sie höflich.

156. ***Unabhängig davon, ob Ihre Frau eine leichte oder eine schwierige Schwangerschaft hatte – die Wehen werden ein Schock für sie sein, der ihr den Atem raubt; sie werden sie auf eine Weise umwerfen, die sie wahrscheinlich nicht erwartet hatte.***

Zuerst sind Sie wahrscheinlich beide erleichtert, daß es auf das Ende zugeht. Aber wenn die schmerzhaften Wehen häufiger und stärker werden, wird sich ihre anfängliche freudige Erregung wahrscheinlich verflüchtigen und nackter Angst weichen. Sie wird Ihre Handgelenke umklammern und Ihnen in die Augen starren und Sie damit überraschen, wie sehr sie Sie *braucht.*

Sie will Qualitäten in Ihnen bestätigt sehen, die Sie in den letzten neun Monaten immer wieder festgestellt hat: Geistesgegenwart, Klarheit, Ausgeglichenheit und innere Stärke. Sie sucht nach dem Vater in Ihnen – der Vater, der sein Kind auf seinem Rücken oder seinen Schultern tragen kann. Zur gleichen Zeit muß sie den Konvulsionen ihres Körpers nachgeben und den Ausbrüchen dieser körperlichen Gewalt mit ihrem Pressen Nachdruck verleihen. Außer die Atemtechniken vorzuführen, die Sie im Geburtsvorbereitungskurs gelernt haben (und vielleicht schon wieder vergessen haben), ist es nun Ihre wichtigste Aufgabe, Ihre Frau zu beruhigen. Sagen Sie ihr, daß sie phantastische Fortschritte macht. Versuchen Sie, zwischen normalen Wehenschmerzen und irgendwelchen anderen Schmerzen zu unterscheiden, damit Sie gegebenenfalls den Frauenarzt darauf aufmerksam machen können. Vielleicht fühlen Sie sich schlecht auf diese Rolle vorbereitet, aber Sie sollten sich vor Augen führen, daß der natürliche Ablauf der Dinge Ihnen den Weg zeigen wird, ebenso wie es im Moment mit Ihrer Frau geschieht.

Während der ersten Minuten nach dem Einsetzen der Wehen wurde mir bewußt, daß Wehen viel mehr eine körperliche Angelegenheit sind, als ich gedacht hatte. Ich machte eine spaßhafte Bemerkung zu meiner Frau, wie weit der Geburtsvorbereitungskurs von der Wirklichkeit entfernt schien (sie drückte zustimmend meine Hand). Ich achtete ganz genau auf die Anweisungen der Krankenschwester: »Ich halte ihr linkes Bein, Sie ihr rechtes, und bei ‚drei' pressen Sie.« Nach all der Warterei, den Vorbereitungen und der Erwartung stand die Geburt jetzt unmittelbar bevor. Sie finden sich inmitten einer Erfahrung, die eine so zentrale Rolle im Leben einnimmt, daß Sie zwangsläufig ehrfürchtig staunen müssen. Alle anderen Dinge in Ihrem Leben werden in diesem Moment zweitrangig. Ihre früheren Sorgen und die Trivialität Ihrer tagtäglichen Aktivitäten passen zu diesem anderen Mann, der Sie waren, bevor Sie diesen Raum betraten.

157. Seien Sie während der Wehen eine solide und verläßliche Verbindung zwischen Ihrer Frau und der Außenwelt.

Wenn Sie Ihre Verwandten und die Verwandten Ihrer Frau anrufen, geben Sie genaue Auskünfte über die Fortschritte, die Ihre Frau macht, aber vermeiden Sie es, die unangenehmen Details aufzuzählen. Strahlen Sie Zuversicht aus. Zeigen Sie Verständnis für ihre Sorgen, versichern Sie Ihren Angehörigen, daß alles nach Plan abläuft. Machen Sie großzügige Zeitangaben bezüglich erneuter Anrufe, erinnern Sie alle daran, sich keine Sorgen zu machen, wenn Sie sich mit Ihrem nächsten Anruf verspäten sollten, und denken Sie daran, Ihrer Frau Grüße zu übermitteln.

Rufen Sie niemals in einem hektischen Moment an. Eine Bekannte erzählte uns, wie ihr Ehemann seine Eltern anrief und sagte: »Wir bekommen jetzt das Baby. Wir sind jetzt im Krankenhaus. Ruft uns an. Wir sind unter folgendem Namen zu erreichen ...« Dann sagte er seinen eigenen Eltern nicht nur seinen Namen, er ging sogar soweit, ihn zu buchstabieren! (Wir haben nie herausgefunden, ob er ihn auch richtig buchstabiert hat.)

158. Nehmen Sie Ihre Arbeit nicht mit ins Krankenhaus.

Sie haben bereits Arbeit, Sie helfen Ihrer Frau bei den Wehen. Setzen Sie sich also nicht in irgendeinen Plastiksessel im Krankenhaus, um Ihren Kalender zu überarbeiten, während Ihre Frau Wehen hat, reden Sie nicht mit Ihrem Handy (es sei denn, Sie befinden sich draußen auf dem Flur, um den Verwandten die neuesten Nachrichten mitzuteilen). Streiten Sie sich nicht wegen irgendwelcher Details, die sich im Moment Ihrer Kontrolle entziehen. Versetzen Sie sich in die Rolle Ihrer Frau: Mit gespreizten Beinen auf einem Entbindungsbett, die Augen springen ihr vor Schmerzen fast aus dem Kopf, und zur gleichen Zeit nimmt Ihr Ehemann einen »dringenden« Telefonanruf eines Kollegen entgegen. Da Ihre Frau in diesem Augenblick 1000 Prozent mehr Hormone in den Blutgefäßen hat als sonst, vermischt mit den diversen Medikamenten, die man ihr im Krankenhaus gegeben hat, stellt sie sich bei »Kollege« eine ehrfürchtig staunende, knackige, ledige, vierundzwanzigjährige Blondine mit großen Augen vor, die zufällig Ihre Assistentin ist. Und nun meint Ihre Frau zu hören, was die Blonde am anderen Ende der Leitung von sich gibt: »Sag mal, ist es, also, ist es wirklich schmerzhaft, wenn man ein Baby bekommt?« Der Mann (Sie!) sagt: »Nein, ... nicht so schlimm. Schließlich bin *ich* ja hier.« Ihre Frau verspürt das deutliche

Verlangen, ihre Hand nach dem nächsten schweren, scharfen Gegenstand auszustrecken, um Ihnen denselben an den Kopf zu werfen.

Und hier sind die Konsequenzen, die Sie bestenfalls erwarten: Ihre Frau wird für die nächsten sechzig Jahre Ihres Lebens all ihren Freundinnen (und Ihrer Mutter) von Ihrer Grausamkeit im Kreißsaal immer wieder detailliert berichten. Habe ich Ihnen Angst eingejagt? Gut. Ich wiederhole: keine beruflichen Anrufe auf dem Handy.

159. Es kann schmerzhaft sein, wenn die Wehen Ihrer Frau eingeleitet werden müssen.

Es kann unter Umständen schmerzhafter sein als Wehen, die auf natürliche Weise beginnen – so wird es mir jedenfalls von allen Frauen berichtet –, und Ihre Frau wird das Gefühl haben, als ob ihr Körper es nicht geschafft hat, die Ziellinie zu überqueren. Wie funktioniert es? Zuerst wird das Fruchtwasser Ihrer Frau abgelassen; manchmal geht es dann los. Wenn nichts geschieht, kann Oxytocin intravenös gegeben werden, um das körpereigene Oxytocin zu ergänzen. Vielleicht versucht Ihr Arzt, diese Anschiebemaßnahme herunterzuspielen, aber ihre Freundinnen, die sie bereits erlebt haben, werden das sicherlich nicht tun. Frauen haben tiefes Vertrauen in die Weisheit ihrer Körper; der Oxytocin-Tropf wird sich wie ein Verstoß gegen dieses Vertrauen anfühlen.

Meine Frau wurde beide Male sehr ernst (mehr als in irgendeinem anderen Moment während ihrer Schwangerschaften), als der Frauenarzt damit drohte, die Wehen einzuleiten. Ich konnte sehen, wie eiskalte Angst in ihre Augen trat und wie sich ihre Haut straffte. Fast wie in einer Reflexreaktion zwang sie ihren Körper dazu, mit den Wehen zu beginnen. (Können

Wehen durch Streß zurückgehalten werden? Können sie durch Angst herbeigezwungen werden?)

Wenn bei Ihrer Frau die Wehen eingeleitet werden müssen, sprechen Sie ihr Mut zu.

160. Erinnern Sie Ihre Frau daran, daß, wenn es hart auf hart kommt, sie doch noch eine Epiduralanästhesie bekommen kann.

Zum Thema natürliche Geburt: Vergessen Sie die Schwüre, die Ihre Frau mit der Hand auf dem Herzen geleistet hat, während sie das Haus nach einer Bibel durchsuchte. Es gibt normale Schmerzen, und dann gibt es den Wehenschmerz. Frauen glauben normalerweise, daß sie Schmerzen aufgrund ihrer monatlichen Periode gewöhnt sind, aber für die meisten kommen die Wehenschmerzen in einer bisher nicht gekannten Intensität. Seien Sie sich darüber im klaren, daß die Epiduralanästhesie viel wirkungsvoller geworden ist. »Noch vor einigen Jahren drehten Frauen total durch«, sagte der zweite Frauenarzt meiner Frau. »Die Substanzen, die bei der Epiduralanästhesie eingesetzt wurden, hatten eine fast halluzinogene Wirkung. Heute fühlen sich die Frauen als menschliche Lebewesen, und damit ist auch die ängstliche Erwartungshaltung der Ehemänner erheblich gemildert worden.«

Wenn Sie Ihre Frau während der Wehen daran erinnern, daß sie doch eigentlich eine natürliche Geburt versprochen habe, riskieren Sie damit Ihr eigenes Wohlbefinden. Erwarten Sie, daß Ihre Frau mit vor Schmerzen verstelltem Blick nach der Anästhesie fragt. Sagen Sie: »Das haben wir gleich.« Dann rufen Sie schnellstens den Arzt und bitten ihn darum, die Schmerzen Ihrer Frau zu lindern.

161. Nicht alle Epiduralanästhetika sind gleich.

Während der ersten Entbindung meiner Frau wurden ihr offensichtlich Medikamente in bestimmten Intervallen verabreicht. Auf diese Weise erlebte sie Höhen und Tiefen von Gefühllosigkeit und Schmerz. Es war unheimlich, dabei zuzusehen, wie die digitale Anzeige hochschoß, wenn der Arzt oder die Krankenschwester sie fragten, was sie gerade fühle (»nichts«). An einem bestimmten Punkt hätte ich ihr wahrscheinlich einen Liebesbrief auf den Oberschenkel tätowieren können, ohne daß sie davon etwas gespürt hätte. (Sie können sich vorstellen, daß dies nicht gerade die idealen Bedingungen sind, um ein Baby herauszupressen.)

Ihre Aufgabe ist es, den Fortschritt Ihrer Frau dem Anästhesisten weiterzuvermitteln. Seien Sie freundlich, aber bestimmt, und übertragen Sie die Gedanken Ihrer Frau (abzüglich eventuell vorhandener Hysterie) so exakt wie möglich, damit die Dosierung genau ihren Bedürfnissen angepaßt werden kann.

Ihre zweite Epiduralanästhesie war wesentlich konstanter in der Abgabe der Medikamente, und sie verlor zu keinem Zeitpunkt die motorische Kontrolle – sicherlich einer der Gründe, warum sie eine normale Entbindung hatte und nicht noch einen Kaiserschnitt.

162. Sie sind in allerbester Gesellschaft: Die meisten Männer hassen den Anblick von Blut.

Angeblich bleiben Männer beim Anblick massiver Blutbäder völlig unberührt – Sie brauchen sich nur irgendeinen Kriegsfilm anzusehen, in dem der Held ins blutige Gemetzel starrt, den Kopf schüttelt und sagt: »Verdammt noch mal.« Wenn eine Frau in der Nähe ist, zieht er ihren hübschen Kopf an seine Brust, verdeckt ihre Augen und bietet ihr sein Taschentuch an. Die implizierte Botschaft ist, daß der Anblick von Blut nicht ausreicht, um einen richtigen Mann aus der Ruhe zu bringen.

Aber eine ganze Reihe von uns bekommen schon beim Anblick geringer Blutmengen ein flaues Gefühl im Magen. Ein in der Toilette schwimmender Tampon oder eine simple Blutabnahme bringen viele von uns aus der Fassung. Wird der Kreißsaal nicht noch viel, viel schlimmer sein?

Sie stellen also die grundlegende Frage: *Muß* ich im Kreißsaal dabei sein? Nein. Sie kennen Ihre Grenzen und die Erwartungen Ihrer Frau. Aber bevor Sie Ihren Platz in diesem außergewöhnlichen Moment des Lebens räumen, bedenken Sie, ob Sie sich nicht einen Ruck geben sollten. *Dies* ist Ihre einzige Chance, Zeuge bei der Geburt *Ihres* Kindes zu sein. Versuchen Sie, diese Gelegenheit nicht zu verpassen.

Alle schwangeren Männer
haben Angst vor dem Kreißsaal.

---

163. Wichtig: Verwechseln Sie nicht andere Flüssigkeiten mit Blut.

Einige der strömenden Flüssigkeiten, von denen Sie meinen, es handele sich um Blut, sind lediglich klare Flüssigkeiten, von Blut eingefärbt. Die Wahrheit ist ganz einfach, daß die meisten Männer nicht wirklich wissen, wie Blut aussieht. Versuchen Sie, die dunkleren, braunen Töne (Blut mit anderen Flüssigkeiten vermischt) von den kräftig roten (reines Blut) zu unterscheiden. Die ganze Aufregung kann einen Mann in panische Angst versetzen. Er glaubt in diesem Moment, daß seine Frau vor seinen Augen verbluten wird. Dabei wird leicht vergessen, daß ihr Körper den Blutverlust bereits eingeplant hat und im voraus einen gewissen Überschuß produziert hat. Wenn Sie Zweifel bekommen, fragen Sie den Frauenarzt.

164. Folgen Sie der Strömung.

Achten Sie auf die Signale, die Ihnen verraten können, was Sie als nächstes tun sollten, aber begehen Sie nicht den Fehler, die Entbindung Ihrer Frau permanent mit einer imaginären Entbindung vergleichen zu wollen, die sich in Ihrem Kopf abspielt. Jede Geburt ist einzigartig.

165. Sagen Sie nicht zu ihr, daß Sie wissen, wie sie sich fühlt.

Sie wissen es nicht! Nichts wird sie mehr aus der Fassung bringen als ein leise geflüstertes »Liebling, ich weiß genau, wie du dich fühlst ...« *Klatsch!* (Das ist der nächstliegende Gegenstand, der Ihnen an den Kopf fliegt.) Sie weiß, daß es Quatsch ist. Es tut ihr mit absoluter Sicherheit mehr weh als Ihnen. Sie hat *richtige* Schmerzen – Sie winden sich nur. Sie versucht zu begreifen, was mit ihrem Körper geschieht; entweder sind die Schmerzen übermächtig, weil sie keine Medikamente bekommen hat, oder die Schmerzen sind so unterdrückt worden, daß sie *gar nichts* mehr fühlt und sich nach dem Grund dafür fragt. Denken Sie einmal darüber nach: Schmerzen sind auf merkwürdige Weise ungreifbar; man kann sie nicht eingrenzen, denn sie verändern sich ständig, nehmen andere Formen an, wechseln ihren Standort.

Keine Frau weiß vorher, welche Schmerzen sie ertragen muß. Entgegen besserer Einsicht hatte sie den Kriegsberichten von Wehen anderer Frauen gelauscht, während sie bei der Maniküre saß oder während sie sich für die Gymnastik umzog.

Gerüchte haben ihr Gehirn seit Monaten umkreist. Sie ist zur Hälfte überzeugt, daß sie damit fertig werden kann, zur anderen Hälfte, daß sie es nicht kann. Sie versucht zu verstehen, was sie überall und immer wieder hört: »Es gibt nichts Vergleichbares.« Sie kann es nicht vorher wissen. Sie können es nicht wissen. Außerdem kann keine Frau hinterher die Schmerzen auf exakte Weise beschreiben, ohne nach den richtigen Worten zu suchen. Meistens wird versucht, die Empfindung mit »intensiv«, »schrecklich«, »unglaublich« oder »unbeschreiblich« anzudeuten, oder es wird völlig vage gesagt, daß es »ganz, ganz schlimm« war.

Sie werden nie wissen, wie es sich anfühlt. Punkt.

166. Zeigen Sie kein übertriebenes Schamgefühl.

Natürlich verspüren Sie das Bedürfnis, Ihre Frau zu bedecken, wenn sie mit weit gespreizten Beinen und den Blicken von Dutzenden Medizinstudenten ausgesetzt auf dem Krankenhausbett den Korridor entlang gefahren wird. Aber es ist ihr völlig egal – sie preßt gerade mit soviel Kraft, daß die Blutgefäße in ihren Augen zu zerspringen scheinen. Wieso sollte es Ihnen nicht egal sein?

Einer der verunsicherndsten Aspekte einer Entbindung ist für einige Männer die Tatsache, daß es dabei gleichzeitig so privat und doch so öffentlich zugeht. Stören Sie sich nicht an der Nacktheit Ihrer Frau – sie triumphiert über unser alltägliches Benehmen. Wenn Sie können, amüsieren Sie sich (leise) darüber, wie anormal das »normale« Leben üblicherweise ist.

167. Wenn alles andere nichts nützt, schlagen Sie vor, die Schwerkraft auszunutzen.

Mit der Zustimmung des Arztes oder der Schwester helfen Sie Ihrer Frau vom Geburtstisch herunter. Sie kann sich dann auf dem Boden hinhocken. Einige Frauen schwören auf diese Stellung – und es erscheint sinnvoll. Ihr Frau sollte nicht den Berg hinauf schieben müssen. Versuchen Sie, das Baby nach unten herausgleiten zu lassen.

168. Ein Dammschnitt ist nicht so schlimm, wie er aussieht – aber er sieht schlimm aus.

Sie haben die Wehen und den größten Teil der Entbindung gut überstanden. Sie haben Ihrer Frau geholfen, Sie haben bereits den Kopf Ihres Babys gesehen, Sie haben Ihre Frau umarmt und ihr gesagt, wie sehr Sie sie und Ihr gemeinsames Kind lieben – und dann kommen die schnellen Schnitte des Dammschnitts, gefolgt von einer Unmenge von Blut. Sie bedauern wahrscheinlich, daß das Baby nicht ohne Beschädigung der Vagina Ihrer Frau herauskommen konnte (»wenn wir uns doch etwas mehr Zeit genommen hätten ...«).

Sie machen sich Gedanken darüber, ob die Vagina Ihrer Frau (und Ihr Sexualleben) gerade zerstört wurde, aber Sie sollten wissen, daß ein Dammschnitt zur rechten Zeit die Vaginalmuskeln retten kann. Versuchen Sie, ruhig zu bleiben. (Keine einfache Anweisung.) Und sehen Sie vor allen Dingen nicht dabei zu, wenn der Arzt Ihre Frau wieder zusammennäht – es ist ein harter Anblick (ich weiß, wovon ich rede; ich mußte unbedingt zusehen).

Ärgert sich Ihre Frau über den Dammschnitt? Wenn sie noch unter dem Einfluß von Medikamenten steht, wahrscheinlich nicht so sehr, da sie die Schnitte nicht sehen oder fühlen kann. Später im Zimmer wird sie allerdings darüber trauern. Und noch später, nachdem alles verheilt ist, wird sie wahrscheinlich nicht gerade entzückt über die Narbe sein. Jetzt im Kreißsaal stört es Sie eindeutig mehr, aber später wird es mit Sicherheit Ihre Frau mehr stören. Es geht dabei um ihre Eitelkeit – sie bemerkt die Narben bei jedem Mal, wenn sie sich berührt.

Wenn Ihre Frau Sie später fragt, ob Sie die Dammnaht noch bemerken, so ist die Antwort ein klares *Nein*.

169. Entscheiden Sie sich im voraus, ob Sie die Nabelschnur durchschneiden wollen.

Wenn der Doktor Sie fragt, ob Sie die Nabelschnur durchschneiden wollen, sollten Sie nicht erst unentschieden herumdrucksen. Sagen Sie Ihrer Frau lange vorher, was Ihnen lieber ist, und fragen Sie, was sie lieber möchte. Die Symbolik der Geste ist nicht zu leugnen: Sie beenden die totale Abhängigkeit Ihres Babys von der Mutter und erkennen damit an, daß das Kind nun eine eigenständige Person ist. Einigen Männern ist dies ziemlich egal, andere wiederum genießen diesen Moment.

Hier sind die Fragen, die Sie vielleicht unschlüssig machen. Wird es blutig sein? (Sogar nachdem der Arzt die Nabelschnur auf korrekte Weise abgeklemmt hat, kann es schon einmal einen kurzen Blutspritzer geben, aber nichts Größeres.) Könnten Sie aus Versehen etwas anderes abschneiden? (Höchst unwahrscheinlich.) Werden Sie ausrutschen und Ihre Frau schneiden? (Höchst unwahrscheinlich.) Werden Sie sich selbst schneiden? (Höchst unwahrscheinlich.) Werden Sie ohnmächtig werden? (Höchst unwahrscheinlich.) Wird das Gefühl, menschliches Fleisch zu zerschneiden, Sie anekeln? (Höchst unwahrscheinlich.) Wird es zum eigentlichen Zeitpunkt weniger bedeutungsvoll sein als bei der Entscheidung, ob Sie es tun wollen? (Sehr wahrscheinlich.)

170. Entscheiden Sie sich im voraus, ob Sie die Plazenta Ihrer Frau sehen möchten.

Bei unserer ersten Geburt waren wir so neugierig, daß wir uns ausgiebig und in aller Ruhe ansehen wollten, was unser Baby so lange ernährt hatte. Wir hatten dem Personal im Kreißsaal Bescheid gesagt; eine Krankenschwester fing die Plazenta in einer flachen Schüssel auf und mit einer Zeremonie, die normalerweise dem Hereintragen der Weihnachtsgans vorbehalten bleibt, kam sie auf meine Frau, unser Baby und mich zu. Aber dann stolperte sie, das Tablett kippte, und die Plazenta klatschte wie ein zerlaufendes Spiegelei auf den Boden. »Hoppla«, sagte ich. Die Krankenschwester wurde sehr verlegen und brauchte geraume Zeit, um den Boden wieder zu säubern.

171. Machen Sie ein paar schnelle Fotos, aber verpassen Sie nicht die eigentliche Erfahrung, weil Sie zu beschäftigt damit sind, sie zu dokumentieren.

Kein Blitzlicht, bitte; Sie wollen den Frauenarzt sicherlich nicht blenden. Wenn Ihre Kamera nicht automatisch ist, stellen Sie die größte Blendenöffnung ein und eine sechzigstel Sekunde als Verschlußzeit (eine dreißigstel nur, wenn Sie ein sehr ruhiger Typ sind und der Frauenarzt ein sehr ruhiger Frauenarzt ist und Ihr Baby ein sehr ruhiges Baby). Wenn Sie eine Videokamera mitgebracht haben, denken Sie daran, daß Sie kein prämierter Hollywoodregisseur sind.

Halten Sie die Videokamera nicht die ganze Zeit an Ihr Auge gedrückt. Das Baby kommt nur einmal heraus. Verpassen Sie

WAS SIE IM WEHENZIMMER UND IM KREISS-SAAL NICHT TUN SOLLTEN:

1. Sagen Sie niemals »Warum die ganze Hast?« oder »Weshalb mußte ich mich eigentlich so beeilen, um hierher zu kommen?«, wenn die Wehen Ihrer Frau langsamer fortschreiten, als sie angenommen hatte.
2. Kritisieren Sie die Flüche Ihrer Frau nicht. Sonst werden Sie selbst die Zielscheibe eines Trommelfeuers von Obszönitäten.
3. Sagen Sie nicht zu Ihrer Frau, daß sie die Schmerzen auch ohne Medikamente ertragen kann, wenn sie es nicht will.
4. Machen Sie kein Durcheinander. Frauen hassen so etwas während der Wehen.
5. Fangen Sie keine geschäftlichen Unterhaltungen an, verteilen Sie keine Visitenkarten, knüpfen Sie keine neuen Kontakte, sagen Sie am besten niemandem, was Sie beruflich eigentlich tun. Keine Pager. Keine Handys.
6. Bringen Sie keine Tüten mit Essen in das Wehenzimmer. Keine Supersandwiches, Kartoffelchips, Gebäck, Kekse.
7. Verstecken Sie sich nicht hinter Ihrer Kamera.
8. Schreien Sie den Frauenarzt oder das Krankenhauspersonal nicht an (es sei denn, sie verlangt danach).
9. Lachen Sie nicht, wenn Ihnen zum Weinen zu Mute ist. Selbst wenn es aus Nervosität geschieht – Ihre Frau wird es gänzlich unpassend finden.
10. Erdrücken Sie das Baby nicht (das Gegenteil des Hemmungen-das-neugeborene-Baby-zu-halten-Syndroms). Und lassen Sie es nicht so weit kommen, daß Ihre Frau sagen muß: »Entschuldige, meinst du, ich könnte unser Kind auch mal halten?«

es nicht wegen einer falschen Entfernungseinstellung oder weil Sie sich wegen der Batterie der Kamera Sorgen machen. Sehen Sie mit Ihren Augen. Lassen Sie jedes Detail auf Herz und Kopf wirken. Sie werden sich nur selten die Fotos oder die Videofilme ansehen, aber Sie werden die selbst erlebte Realität als gedanklichen Schnappschuß für den Rest Ihres Lebens bei sich tragen.

172. *Versuchen Sie, das Beste aus dem Frauenarzt herauszuholen.*

Okay, hier ist mein Kriegsbericht. Bei der ersten Geburt dauerten die Wehen meiner Frau insgesamt dreißig Stunden – aber dabei sind die Stunden früher Kontraktionen mitgezählt, die nahezu schmerzlos waren. Im Krankenhaus waren die Krankenschwestern im Wehenzimmer sehr hilfreich, und wir fühlten uns zu Dank verpflichtet. Wesentlich später kam jedoch der Frauenarzt dazu, um meine Frau auszuschimpfen: »Sie pressen nicht richtig! Sie verschwenden meine Zeit und Ihre dazu!« Er warf seine Gummihandschuhe hin und stürmte aus dem Zimmer. »Wenn Sie es sich überlegen und anfangen zu pressen, dann komme ich wieder zurück«, sagte er noch, bevor er die Tür schloß. Seine Stimme war in der letzten Stunde abwechselnd kriegerisch, beleidigt, müde und rauh gewesen.

»*Seine* Zeit ...« murmelte meine Frau. »Er wird verdammt gut für *seine* Zeit bezahlt!«

Ich fühlte mich, als wäre ich plötzlich in einen Film aus den vierziger Jahren versetzt worden. »Hören Sie, mein Lieber!« würde ich sagen und dabei mit meinem Finger unter seiner Nase herumfuchteln. »Das ist meine Ehefrau, die Sie hier fertigmachen, und ich lasse mir das nicht bieten! Lassen Sie uns vor die Tür gehen und die Angelegenheit unter Männern regeln!«

Dies war aber kein Film. Es war das wirkliche Leben, und es ging um das Wohlbefinden meiner Frau und unseres Babys. Obwohl mir klar war, daß er versuchte, eine selbsterdachte, pseudopsychologische Taktik anzuwenden, um meine Frau anzustacheln, wollte es einfach nicht klappen. Ihre Gefühle sprangen von »Dieses Arschloch!« zu »Ich bin völlig im Eimer ...«, dann zu »Er hat uns hier alleingelassen ...« und zu »Was sollen wir jetzt machen?« und dann zu »Was wirst du jetzt machen?«

Ich ging hinaus und machte mich auf die Suche nach dem Frauenarzt. In einer Eilbesprechung auf dem Korridor verteidigte ich die Preßleistungen meiner Frau, schlug vor, die Unstimmigkeiten zu vergessen, fragte, ob nicht vielleicht die Medikamente die Muskelkontrolle meiner Frau reduziert hatten, und gab meiner Hoffnung Ausdruck, daß er uns raten könne, wie es nun weiterginge. Ich besänftigte sein angeschlagenes Selbstbewußtsein (sein Selbstbewußtsein!), wir schüttelten uns die Hand, und wir beschlossen, gemeinsam weiterzukämpfen.

Bei meiner Rückkehr in den Kreißsaal stellte ich mit stiller Genugtuung fest, daß sich die lang währende liebevolle Einstellung meiner Frau ihrem Gynäkologen gegenüber schlagartig verändert hatte. »Nach dem hier will ich ihn nie mehr wiedersehen«, sagte sie mit zusammengebissenen Zähnen. »In Ordnung, er ist entlassen«, flüsterte ich, »aber vorher wollen wir noch eine Kleinigkeit von ihm. Er soll heute eine Glanzleistung vollbringen. Wir schaffen das schon.« Wir hielten in diesem Augenblick zusammen, allein gegen den Rest der Welt (so wie Ehemänner es gern mögen!).

Ihr Frauenarzt kam zurück, begutachtete, ob meine Frau Fortschritte gemacht hatte, und schüttelte gedankenvoll den Kopf. »Immer noch keine Fortschritte«, sagte er resigniert.

»Wir wollen Ihren ärztlichen Rat«, sagte ich. »Was sollen wir tun?«

Einen Kaiserschnitt machen. Unser Arzt teilte uns mit, daß wir noch zwanzig Minuten hätten, während die Operation vorbereitet wurde. »Ruhen Sie sich ein wenig aus«, riet er uns. Ich war total erschöpft, legte mich neben dem Bett meiner Frau auf den Boden und fiel sofort in den tiefsten Schlaf meines Lebens. Als ich wach wurde, sah meine Frau völlig verzweifelt aus. All diese Mühen, dachte sie offensichtlich, und dann ein Kaiserschnitt. »Es ist nicht deine Schuld«, beruhigte ich sie. »Du hast es mit allen Kräften versucht. Wir konnten es auch vorher nicht wissen.«

Zuerst wurde sie für den Eingriff vorbereitet, dann warnte mich der Arzt, nicht zuzusehen, und schließlich bat er mich, am Kopfende Platz zu nehmen. Ein kleiner Vorhang wurde so gespannt, daß sie nur bis zu ihrem Oberbauch sehen konnte. »Siehst du auch wirklich nicht hin?« flüsterte meine Frau – aber ich mußte unbedingt alles mitbekommen; meine Ängste vor medizinischen Eingriffen schienen sich genau zur rechten Zeit in Luft aufgelöst zu haben. Erstaunlicherweise war der Kaiserschnitt wunderschön, sogar beruhigend – und unglaublich schnell, vielleicht insgesamt fünf Minuten.

Dann kam der erste Schrei; dann eine Stimme, die uns mitteilte, daß wir eine gesunde Tochter hätten; dann die Hand meiner Frau, die meine Hand fest drückte; dann drehte ich mich, so daß ich unser Baby auf den Arm nehmen konnte. Und dann ein Wirbelsturm der Gefühle: Erleichterung und Freude und eine Art körperlose Erfahrung, bei der ich mich außerhalb meiner Selbst befand. Ich wollte alle ansehen, empfand intensive Liebe für meine Frau und für unser Kind und Dankbarkeit den weißgekleideten Ärzten und Krankenschwestern gegenüber, deren Namen ich nicht einmal wußte und deren lächelnde Gesichter hinter ihren Masken verborgen waren.

Ich riß meinen eigenen Krankenhauskittel herunter, so daß der Kopf meines Babys sich an meine Brust schmiegen konnte. Nach neun Monaten würde meine Tochter endlich mein Herz hören, meinen Geruch riechen, meine Haut fühlen. Ich konnte es kaum abwarten, mit ihr das Krankenhaus zu verlassen, wegzukommen von Untersuchungen, Prozeduren und Formalitäten. Es war totale, bedingungslose Liebe.

Ich kann mir nicht vorstellen, den ersten Moment im Leben des Babys zu verpassen. Es ist merkwürdig – soviel Energie in einer Beziehung wird darauf verwendet, die Zeit aufzuholen, in der Sie und Ihre Frau sich noch nicht kannten. Die Geburt Ihres Kindes gibt Ihnen jedoch die Gelegenheit, einen total neuen Anfang zu machen, Ihre Geschichte zusammen zu beginnen. Damals in jenem sterilen Krankenhausraum, unter dem kalten, weißen Licht des Operationssaals, wurde mir klar, daß mein Leben für immer mit dem Leben meiner Tochter verknüpft sein würde. Ich wußte, daß ich ein anderer Mensch geworden war.

173. Denken Sie daran: Jede Geburt ist anders.

Bei der zweiten Entbindung meiner Frau ging alles wie von selbst. Ein paar Wehen, ein wenig Pressen, aber alles ohne Aufregung. Während wir meiner Frau bei den Wehen beistanden, gerieten der Frauenarzt und ich in eine lebhafte Diskussion über Basketball. Was war vorzuziehen, die millimetergenaue, exakte Spielweise der Chicago Bulls oder der kämpferische Einsatz der New York Knicks? An einem bestimmten Punkt sagte meine Frau: »Das ist ja wahnsinnig! Ich merke so wenig, das hat kaum etwas mit Wehen zu tun!« Unter sanfter Orientierung und Ermutigung (kein Streit, keine Beschuldigungen, keine Gefühlsausbrüche) gelang es meiner Frau, etwa sechs Stunden nach unserer Ankunft im Krankenhaus auf natürliche Weise zu entbinden. Ich fühlte mich ungefähr wie eine Armee, die ins Feindesland marschiert und dann plötzlich hört, daß der Krieg abgesagt wurde. Wir konnten unsere gesamte Aufmerksamkeit unserem sehr aktiven, verspielten, neugeborenen Sohn widmen.

174. Genießen Sie die Momente nach der Geburt.

Während Ihre Frau noch von der Geburt mitgenommen ist und versucht, endlich einmal tief durchzuatmen nach der härtesten Attacke, die ihr Körper bis zu diesem Tage durchstehen mußte, sind Sie konzentriert und hellwach.

Halten Sie einen Moment inne und atmen tief durch – Sie haben wahrscheinlich über Stunden immer wieder Ihren Atem angehalten. Schaffen Sie ein Gefühlsband mit Ihrer Frau und Ihrem Kind. Ihre Frau möchte vielleicht in diesem Augenblick nicht umarmt oder geküßt werden, während sie nach einem Dammschnitt oder einem Kaiserschnitt gerade wieder zusammengenäht wird. Beginnen Sie jedoch damit, ihre Hand zu halten.

Wenn Sie fragen, wie sie sich fühlt, seien Sie nicht geschockt bei der Feststellung, daß die Erinnerungen an die Wehen völlig und komplett ausgelöscht scheinen. Vielleicht ist dies die Methode Gottes, Frauen dazu zu bewegen, mehr als ein Kind zu bekommen. Meine Frau war noch völlig erschöpft von der Geburt; noch während sie genäht wurde, strahlte sie mich an und murmelte: »Laß uns noch eins haben.«

Genießen Sie den Augenblick; lassen Sie sich nicht von der Krankenhausroutine aus der Ruhe bringen. Ich war – beide

Male – nicht ganz darauf vorbereitet, als unser Baby uns vom Arm genommen wurde und einer langen Reihe von Untersuchungen unterzogen wurde. Ich wollte schreien »Hey, das ist mein Baby! Vorsicht bitte!« Aber wenn Sie sich in einem Krankenhaus befinden, haben Sie kaum eine andere Wahl. Denken Sie daran, daß alle Untersuchungen und Tests nur dazu gemacht werden, damit ein komplettes Gesundheitsbild Ihres Kindes vorliegt.

Achten Sie gut auf Ihr Baby in diesen ersten Minuten seines Lebens. Prägen Sie sich dieses Bild von Ihrem Kind genau ein; es wird Ihnen für den Rest Ihres Lebens eine Referenz sein. Noch Jahre später hatte ich plötzlich die Bilder dieser ersten Augenblicke vor Augen. Wenn ich heute eins unserer Kinder bei einem Streich sehe oder dabei, wie es den Sonnenuntergang über dem Meer betrachtet oder wie es eine steile Böschung hinaufsteigt, muß ich oft an diese ersten Gesten, Ausdrücke und Reaktionen denken. Ich möchte es noch einmal betonen: Bei der Geburt Ihres Kindes ist bereits alles da, schieben Sie es nicht als folgenloses Vorgeplänkel beiseite.

175. Kommen Sie sich nicht lächerlich vor, wenn Sie die Finger und Zehen Ihres Babys zählen.

176. Keine Scheu vor dem Baby!

Der zweite Gynäkologe meiner Frau berichtete mir folgendes: »Die meisten Ehemänner halten sich an Ihre Frauen. Es gibt da so eine Art Scheu vor dem Baby.« Sie haben wahrscheinlich keine Übung darin, eine winzige, unruhige Kreatur auf Ihrem Arm zu halten. Sie wollen aber auch nicht linkisch aussehen. Aber wenn die Krankenschwester Ihnen das Baby überreicht, gönnen Sie sich einen der großen Momente des Lebens: die erste Umarmung. Seien Sie zärtlich, aber greifen Sie richtig zu. Legen Sie den winzigen Kopf Ihres Babys an Ihr großes Herz. Sie haben monatelang den Herztönen Ihres Babys gelauscht; lassen Sie jetzt Ihr Baby Ihre Herztöne vernehmen.

Dann reichen Sie Ihr Baby seiner Mutter, Ihrer Frau.

177. Seien Sie da für Ihre Frau und für Ihr Baby – egal wie.

Ein Freund erzählte mir folgende Episode: »Meine Frau zitterte noch am ganzen Körper. Ich hielt ihre Hände, während die Schwestern unsere Tochter säuberten, die dabei nicht aufhörte zu weinen. ‚Was ist das für ein Lärm?' fragte meine Frau mehrfach hintereinander. ‚Das ist unser Baby', sagte ich. ‚Dann sag ihr, sie soll ruhig sein!'« Mein Freund drehte sich zu seiner Tochter, um sie zu beruhigen. »Nein, laß mich nicht los!« rief seine Frau. Also stand er mit ausgestreckten Armen zwischen Frau und Baby und hielt beide an den Händen. Der Arzt sah die Szene und rief »Schnell, wir müssen das fotografieren. Das wird das nächste Titelbild vom Ärzteblatt.«

Kein Mann verläßt den Kreißsaal so,
wie er ihn betreten hat.

---

178. Nach einer normalen Entbindung sind die Babys nicht gerade reizend.

Nachdem Sie einen echten Neugeborenen gesehen haben, wissen Sie endlich, daß die »Neugeborenen« im Kino in Wirklichkeit mindestens drei Wochen alte Babys sind, deren Haare besonders frisiert und gefönt wurden und deren Haut mit besonderer Sorgfalt gesäubert und gepflegt wurde. Ihr echter Neugeborener sieht folgendermaßen aus: Sein Gesicht sieht verschrumpelt aus, seine Ohren scheinen wie angeklebt, er ist mit einer Vielzahl von Substanzen bedeckt, er hat kleine Pickel, die Sie an Ihre eigene Haut am schlimmsten Tag Ihrer Pubertät erinnern, er hat vielleicht Spuren von der Zangenentbindung, seine Augen sind geschwollen, seine Genitalien sind geschwollen und gerötet, er hat eine feine Schicht fast unsichtbarer Behaarung auf dem Rücken und auf den Schultern. Mit anderen Worten: Er gleicht eher Ihnen an einem besonders schlimmen Morgen als dem kostbaren kleinen Bündel, das der Filmdoktor der strahlenden Ehefrau in die Arme legt.

Und das wirklich Phantastische dabei ist: Sie werden denken, daß Ihr Baby das schönste Geschöpf ist, was jemals geboren wurde. Ihr Baby gehört Ihnen. Von seinen Fingern zu seinen Rippen und zu seinen Zehen und alles dazwischen, es ist vollkommen.

Wo wir gerade dabei sind: Vergessen Sie die dummen Witze, daß alle Babys aussehen wie winzige Winston Churchills. Drehen Sie das Klischee um, und sagen Sie zu Ihrer Frau: »Ich könnte unser Baby aus hundert Meter Entfernung herausfinden.« Sie wird es Ihnen mit liebevollen Blicken danken.

179. Sagen Sie niemals mein Baby. (Sagen Sie immer unser Baby.)

Sie können die Gefühle Ihrer Frau wirklich verletzen, und das nur durch die Unachtsamkeit bei einem kleinen Possessivpronomen. Begreifen Sie es endlich: Zum ersten Mal in Ihrem Leben haben Sie tatsächlich etwas gemeinsam mit Ihrer Frau.

180. Sie werden sich unwohl oder gar besorgt fühlen, wenn Ihr Baby vom Stationszimmer zum Säuglingszimmer gebracht wird.

Ich fühlte mich nicht nur meines Kindes beraubt, sondern hatte eine ganze Reihe bizarrer und paranoider Gedanken, die mir blitzschnell, einer nach dem anderen, durch den Kopf gingen. Wurden vom Krankenhaus die notwendigen Vorkehrungen getroffen, um mein Kind als unser Kind zu identifizieren? Würden sie unserem Baby die richtigen Medikamente geben? (Tut es Ihnen nicht leid, daß Sie sich jemals vergleichbare Schauergeschichten im Fernsehen angesehen haben?) Warum sollte ich unser Baby irgendwelchen Krankenschwestern anvertrauen, die ich überhaupt nicht kannte? Würde unser Baby denken, wir hätten es verlassen?

Etwas Wunderschönes ist geschehen: Sie haben sich verändert; Ihr Verhältnis zum Rest der Welt hat sich geändert; Sie sind jetzt Vater. Sie wissen, daß alle da sind, um Ihnen zu helfen, aber Ärzte, Krankenschwestern und das gesamte Krankenhauspersonal werden schnell zu den *anderen*, die verhindern, daß Ihre kleine Familie zusammen bleibt. Sie zittern, wenn Sie Ihr Baby schreien sehen oder wenn ein Arzt oder eine Schwester eine Untersuchung vornimmt. Sie wollen Ihr Kind den *anderen* Händen entreißen, um es zu umarmen und zu beschwichtigen, bis es wieder zufrieden lächelt.

Und noch eine Wahrheit: Sie wollen, daß Ihr Kind in einer Utopie lebt, die Sie selbst nie gekannt haben. Natürlich wird es Ihnen nicht gelingen. Die Welt ist unvollkommen, voller Fehler, Mißverständnisse, Ungerechtigkeiten und Leiden. Sie wollen Ihr Kind davor schützen – und bereits Sekunden nach der Geburt stellen Sie fest, daß dieser edle Traum nicht durchführbar ist.

Das soll nicht heißen, daß Sie je nach Krankenhausordnung nicht die ganze Zeit bei Ihrem Kind bleiben können, bis Sie das Krankenhaus verlassen. Fragen Sie die Oberschwester, bevor Sie sich für ein bestimmtes Krankenhaus entscheiden.

181. Es gibt auch Männer, die Schwierigkeiten haben, sich mit einem Neugeborenen zu identifizieren.

Teilweise liegt dies an der Abhängigkeit des Neugeborenen von der Mutter(brust), aber es hat auch damit zu tun, daß ein Neugeborenes wenig tut außer schlafen, schreien und an der Mutterbrust saugen. Andere Männer können erst wesentlich später etwas mit Ihrem Kind anfangen, wenn es laufen, sprechen oder spielen kann. Wenn Sie an Ihrem Neugeborenen nicht so viel Freude haben, wie Sie gehofft hatten, geben Sie noch nicht auf.

Erfreuen Sie sich an den kleinen Dingen. Halten Sie Ihr Baby oft auf dem Arm. Riechen Sie an seiner Haut. Nehmen Sie seine kleine Faust in Ihre Hand. Fühlen Sie die Knochen seiner Arme und Beine. Gehen Sie mit dem Finger die Wirbelsäule entlang, spüren Sie jeden einzelnen Wirbel. Es ist bemerkenswert, daß alles an Ort und Stelle ist. Verlieren Sie sich in diesen Gedanken, statt sich sofort wieder den Verpflichtungen des Alltags und der Arbeit zu widmen. Alles andere kann warten. Ihr Baby zu bestaunen ist in diesem Moment das Wichtigste, was Sie tun können. Nehmen Sie sich ausreichend Zeit dafür.

182. Genießen Sie es, vom Fenster des Säuglingszimmers Ihrem Baby beim Schlafen zuzusehen.

Ich war wie angewurzelt – erstarrt an einer Stelle, mit offenem Mund –, während ich unserem Baby beim Schlafen zusah. Die

Lungen funktionierten, die Augenlider flackerten (im Traum?), die Lippen saugten wie an der Brust: alles Andeutungen, wer dieses Kind sein wird. Ich fühlte ein inneres Anschwellen – normal bei frischgebackenen Vätern –, als ob ich vor lauter Stolz platzen könnte, ein zunehmender Druck, ein Zerreißen in der Nähe meines Herzens. Wehren Sie sich nicht gegen dieses Gefühl – es ist toll.

Und genießen Sie die Ironie. Schauen Sie sich noch einmal genau die vielen zukünftigen Eltern an, die während der Besuchszeiten vorbeikommen. Ich mußte einfach darüber lächeln, daß ich noch vor ein paar Wochen einer von ihnen gewesen war und einen stolzen und übermüdeten Vater wie mich angestarrt hatte und gedacht hatte: »Wie kann er so glücklich aussehen, wenn er doch offensichtlich durch die Mangel gedreht wurde?« Sie kennen sicherlich das Gefühl, wenn Sie aus dem Kino kommen und einen phantastischen Film gesehen haben. Sie wollen allen Leuten, die draußen Schlange stehen, die freudige Mitteilung machen: »Phantastisch! Absolut lohnenswert!« Genauso fühlte ich mich in diesem Moment.

183. Wenn Sie zu Besuch kommen, streiten Sie nicht mit dem Krankenhauspersonal.

Das Essen ist fünf Kategorien schlechter als die Versorgung im Flugzeug, Ihre Frau hat den Notrufknopf solange gedrückt, daß ihr Daumen schon blau angelaufen ist, denn sie muß dringend aufs Klo, oder das elektrische Bett geht nicht herunter, und Ihre Frau bekommt blutleere Füße. Die Kissen fühlen sich an, als ob ganze Enten eingenäht wurden statt Federn, die Wirkung der Medikamente gegen Schmerzen hat nachgelassen, und das Baby ist schon viel zu lange im Säuglingszimmer. Außerdem sind so viele welke Blumen im Zimmer, daß Ihre

Frau sich fühlt, als sei sie in einem schlechten Blumenladen eingesperrt. Sie kommen ins Zimmer und sehen all diese Dinge und stellen fest, daß Sie sehr zornig werden. Sie wollen Ihre Frau und das Baby beschützen – in Ihrem Kopf schrillen die Alarmsirenen: *Alle Mann auf Kampfstation* –, Ihre Ohren laufen rot an, das Blut steigt Ihnen in den Kopf, und Sie stürmen los in Richtung auf das Schwesternzimmer, um diesem Personal einmal so richtig Ihre Meinung zu sagen.

Ein großer Fehler. Sie werden nicht nur das Krankenhauspersonal vor den Kopf stoßen, sondern auch Ihre eigene Frau, wenn Sie jetzt den Ersten Streit nach der Geburt vom Zaun brechen (ein Ereignis, das eng verwandt ist mit dem Ersten Streit nach der Verlobung, dem Ersten Streit nach der Hochzeit usw.). Natürlich: Irgendwo in Ihrem Hinterkopf hatten Sie die Vorstellung, daß es nach der Geburt des Babys niemals mehr Streitigkeiten zwischen Ihnen und Ihrer Frau geben würde, denn Ihre Frau wünschte sich ein Baby mehr als irgend etwas sonst auf der Welt. Aber trotz ihrer Beschwerden und Klagen weiß Ihre Frau sehr wohl, daß sie und das Baby immer noch auf das Krankenhauspersonal angewiesen sind. Und Sie wissen es ebenso.

Versuchen Sie, das Personal zu Höchstleistungen zu motivieren. Immer wenn Sie etwas zu essen oder zu trinken holen für Ihre Frau, fragen Sie, was Sie ihnen mitbringen können. Wenn sie sagen »nichts«, so bringen Sie ihnen trotzdem etwas mit. Seien Sie sich im klaren darüber, daß Krankenschwestern unterbezahlt und überarbeitet sind und ihnen selten die ihnen gebührende Wertschätzung entgegengebracht wird. Geben Sie den aufmerksamsten Schwestern ein Trinkgeld und ein wohlverdientes Lob. Sagen Sie ruhig: »Ich möchte mich in aller Form bei Ihnen bedanken für alles, was Sie für uns tun.« Dann kann es passieren, daß bei Betätigung des Notrufknopfes plötzlich fünf Krankenschwestern im Zimmer stehen!

Keine unnötige Eile beim Verlassen des Krankenhauses. *Unterschätzen Sie nicht den Wert dieser neutralen Zone zwischen dem Kreißsaal und der richtigen Welt. Hier haben Sie Krankenschwestern rund um die Uhr zur Verfügung, und Sie sind nur zu dritt: Sie, Ihre träumerische, glückliche und erschöpfte Frau und Ihr Baby.*

---

184. Die Dauer des Krankenhausaufenthalts hängt davon ab, ob Ihre Frau eine normale Entbindung hatte oder ob ein Kaiserschnitt vorgenommen wurde.

Die typische Dauer des Krankenhausaufenthalts beträgt bis zu fünf Tage bei normaler Entbindung, bei Kaiserschnitt zehn Tage. Diese Zeit wird wie im Flug vergehen, außer dem letzten Tag (und insbesondere die Formalitäten beim Verlassen des Krankenhauses). Nehmen Sie an Lehrgängen zum Thema Babypflege teil, stellen Sie Fragen, freunden Sie sich mit den Krankenschwestern an, geben Sie Ihrer Frau ein Geschenk, geben Sie überzählige Blumen an Fremde auf der Straße weiter, rufen Sie Freunde und Verwandte an, stehen Sie am Fenster des Säuglingszimmers, sehen Sie Ihrem Baby beim Schlafen zu, und teilen Sie der Welt (Ihrer Frau und Ihrem Baby) mit, daß Sie sie lieben. Dann fahren Sie nach Hause, füttern Sie den Hund, fahren Sie zur Tankstelle, versichern Sie sich, daß der Kindersitz richtig installiert ist, und überprüfen auch, ob die Klimaanlage oder die Heizung funktioniert.

185. *Lachen Sie mit Ihrer Frau darüber, daß Sie noch völlig unwissend sind. Dann fangen Sie an, alles zu lernen.*

Ja, es ist schon bizarr, daß heutzutage alles mit einer Bedienungsanleitung geliefert wird, nur ein Baby nicht, meinen Sie nicht auch? Sehen Sie es einmal von dieser Seite: Milliarden von Menschen haben dies vor Ihnen durchgestanden, und innerhalb von wenigen Wochen nach der Geburt wurden sie gestandene Profis. Ihnen wird es auch gelingen. Sie werden lernen, wie Sie Ihr Baby halten und wie Sie es beruhigen müssen. Bald werden Sie wissen, wie das Baby nach dem Stillen aufstoßen muß. Windelwechseln und Baden gehören in Kürze zur Routine. Vieles erfassen Sie instinktiv. Überlassen Sie sich zur Abwechslung einmal Ihren Instinkten, die Sie sonst immer scheu hinter Ihrem analytischen Verstand verstecken. Denn auf diese Weise werden Sie viele der Antworten auf Ihre Fragen finden. Die übrigen Antworten bekommen Sie dann von Eltern, Freunden, Fachleuten und aus Büchern.

186. *Während Ihre Frau sich ausruht, schalten Sie das Telefon ab, oder bitten Sie die Telefonistin des Krankenhauses, keine Anrufe durchzustellen.*

187. *Sehen Sie es ein: Sie sind völlig erschöpft.*

Obwohl Sie das Kind nicht zur Welt gebracht haben, waren Sie doch die ganze Zeit dabei: Für Ihre Frau waren Sie Unterstützung, Ruhepol, Vertrauter. Bei den Wehen hat Sie Ihnen mit ihrem Bein fast ein Loch in die Brust getreten. Sie haben für sie mit Ärzten und Krankenschwestern gekämpft. Sie haben die Nabelschnur durchtrennt, Sie haben das Baby hochgehalten,

Sie haben das ganze Auf und Ab mehrmals hintereinander mitgemacht.

Gehen Sie nach Hause, sobald Ihre Frau und das Baby eingeschlafen sind. Sehen Sie nach der Post, aber öffnen Sie keine Rechnungen. Lesen Sie exakt einen Satz in der Zeitung, schalten Sie das Licht aus, und schlafen Sie.

188. Brüsten Sie sich nicht mit irgendeinem Prozentanteil Ihres Kindes.

Lachen Sie nicht – während Sie mit strahlendem Gesicht Ihren schlafenden Säugling im Säuglingszimmer bewundern, kommt sicherlich irgendein ganz Schlauer zu Ihnen, um Ihnen zu erzählen, daß sein Kind einen extrem hohen Prozentsatz bezüglich seines Schädelumfanges erreicht hat. (Erklären Sie ihm, daß Ihrem Kind bereits ein Universitätsstipendium angeboten wurde; dann drehen Sie sich um und gehen weg.)

189. Bringen Sie eine Flasche Wein oder Champagner mit ins Krankenhaus, stoßen Sie mit Ihrer Frau an, und überreichen Sie ihr mit großer Geste das Geschenk, das Sie für sie aufbewahrt haben.

Jetzt ist der richtige Zeitpunkt für die mit Mandeln gefüllten rosa und blauen Bonbons, die Sie zu Anfang der Schwangerschaft gekauft haben. Stecken Sie eins Ihrer Frau in den Mund, und dann lassen Sie sich von ihr füttern. Zeigen Sie ihr, daß Sie hoffnungslos romantisch sein können.

Jetzt geben Sie ihr das Geschenk, aber bitten Sie Ihre Frau, es nicht sofort zu öffnen. Erheben Sie Ihr Glas, und trinken Sie auf das Wohl Ihrer Frau – und übertreiben Sie ruhig ein wenig. Fangen Sie mit einem Scherz an, werden Sie dann immer ernsthafter, bis Ihre Frau Sie umarmt, weint und fast vergißt, das Geschenk auszupacken. Nehmen Sie Ihre Frau in den Arm, während sie es auswickelt. Wenn Sie ihr Schmuck schenken, helfen Sie ihr, ihn anzulegen, holen Sie einen Spiegel, damit sie sehen kann, wie sie aussieht, und vergessen Sie nicht, sie anzustrahlen.

Jetzt trinken Sie auf das Wohl der neuen Generation. Keine Scherze diesmal, nur reine Vaterliebe. Erzählen Sie ihr, wie Sie sich im ersten Augenblick nach der Geburt gefühlt haben.

Wenn Sie Champagner mitgebracht haben, versichern Sie sich, daß er eisgekühlt ist, wenn Sie ihn öffnen (es gibt nichts Schlimmeres als warmen Sekt). Seien Sie vorsichtig beim Öffnen der Flasche, damit der Korken nicht im Zimmer herumschwirrt (was passieren könnte, wenn Sie die Flasche vom Wehenzimmer zum Kreißsaal und dann zum Stationszimmer mitgeschleppt haben), und trinken Sie nicht zuviel (die winzigen Bläschen könnten sich sonst innerhalb einer Stunde hinter Ihren Augen verstecken). Machen Sie die Flasche nicht allein leer; bieten Sie vielleicht auch den Zimmernachbarn einen Schluck an.

190. Wenn Sie erkältet sind oder Grippe haben, tragen Sie eine Schutzmaske aus Papier.

Das Leben ist auch so schon komplex genug für einen Neugeborenen.

191. Bewahren Sie das Namensschild vom Bettchen Ihres Babys auf.

Jahre später können Sie diese Reliquie Ihrem Kind zeigen. Zusammen mit einem Foto vom Baby wird dies einen verklärten Ausdruck auf dem Gesicht Ihres Kindes hervorrufen.

192. Machen Sie Schnappschüsse vom Krankenhauszimmer, und bewahren Sie ein paar Souvenirs auf.

Dazu können Notizen vom Telefonblock gehören (»Mimi hat angerufen / Grüße und alles Gute«) und sogar eine Speisekarte. Denken Sie daran: Ihre Frau wird jedem, der zuhören will, von ihrer Entbindung erzählen, und das für den Rest ihres Lebens. Woran sie im Moment nicht denkt, ist die Tatsache, daß die Medikamente ihr Gedächtnis benebelt haben. (Im Augenblick wird Ihre Frau Sie für verrückt erklären, aber später wird sie Ihnen dankbar sein für die Souvenirs.)

Teilen Sie der Welt mit, daß Sie gerade Vater geworden sind. *Sie werden schockiert sein von der speziellen Behandlung, die Ihnen daraufhin von Aufzugführern, Taxifahrern, Parkwächtern und Kellnern zuteil wird, aber das gehört zu den Vorteilen des Vaterwerdens. Erinnern Sie sich noch, wie Ihnen während Ihrer Flitterwochen wildfremde Menschen viel Glück für die Zukunft wünschten? Die Tatsache, daß Sie dabei geholfen haben, ein Baby auf die Welt zu bringen, macht automatisch etwas Besonderes aus Ihnen. Seien Sie freundlich. Die Glückwünsche sind nicht nur für Sie ein schönes Gefühl, sondern auch für diejenigen, die sie aussprechen.*

---

193. Vergessen Sie nicht, Ihre Frau auch von Ihnen Fotos machen zu lassen. (Und nicht nur ein oder zwei Bilder, bitte.)

Jahre später werden Sie nicht wollen, daß Ihr Kind fragt: »Und wo war mein Vater?« Die Leute glauben, was sie sehen, und Sie werden sich nicht in Diskussionen verstricken wollen, daß Sie schließlich der unsichtbare Fotograf waren.

194. Gehen Sie einkaufen und besorgen Sie romantisches (und gesundes) Essen für Ihre Frau.

Es ist merkwürdig, daß Krankenhäuser so darauf bedacht sind, den richtigen Tropf an den Arm Ihrer Frau zu legen, aber nicht darauf, daß sie das richtige Essen in den Magen bekommt.

Ziehen Sie los, mächtiger Jäger, und sammeln Sie Proviant. Suppen, Reis und Gemüse, Nudeln, Früchte und Obst. Denken Sie: Ernährung. Denken Sie: leicht verdaulich. Nichts mit Saucen oder Gebratenes. Denken Sie außerdem: romantisch. Die Stimmung Ihrer Frau muß sich bessern, Sie müssen dafür sorgen, daß sie sich wieder als Frau fühlt – und Essen ist die Antwort.

Wenn Sie die Gänge im Supermarkt entlang gehen, Ihre Augen links und rechts nach den richtigen Lebensmitteln Ausschau halten, bleiben Sie einen Moment stehen und denken Sie nach: Dies ist das erste Mal in Ihrem Leben, daß Sie Essen für zwei, die in der Höhle zurückgeblieben sind, besorgen müssen. Genießen Sie diesen Augenblick. Durch die Milch Ihrer Frau versorgen Sie auch Ihr Baby. Gut, zu Anfang dachten Sie noch, die Versorgerrolle würde wie ein schweres Gewicht auf Ihnen lasten ... aber sie fühlt sich doch ganz gut an, oder? Was schmeckt dem Baby? Nichts zu Pikantes. Keine dieser leckeren Currygerichte, die Sie und Ihre Frau so gern essen. Keine scharfen Soßen. Wie kommt gute Milch zustande? Einige Babys reagieren allergisch auf bestimmte Lebensmittel. Fragen Sie Ihre Frau, welche das Ihrer Meinung wohl sein werden; sie wird Ihre Frage phantastisch finden.

195. Bereiten Sie die Höhle vor.

Kaufen Sie ausreichend Lebensmittel ein. Denken Sie auch an Toilettenpapier und Papiertaschentücher. Kaufen Sie frische Milch, und werfen Sie die chinesischen Nudeln von vorvorgestern in den Abfall. Wechseln Sie die Bettlaken (Frauen lieben frische Bettlaken). Bringen Sie die dreckige Wäsche weg, oder waschen Sie die Wäsche selbst. Räumen Sie den Wäscheschrank auf (auch das finden Frauen toll); falten Sie die Handtücher zusammen. Tragen Sie den Abfall hinaus. Bringen Sie das Leergut weg – und tun Sie all die anderen Dinge, von denen Sie wissen, daß Ihre Frau sie gern getan sehen würde.

Ansonsten könnte Ihre Frau nach Hause kommen und Ihre Hausordnung kritisieren. »Hast du den Anrufbeantworter nicht angelassen?« Oder »Könntest du nicht mal den Abfall vor die Tür bringen?« Oder wenn Sie einen Haufen Videokassetten in der Nähe des Fernsehers gestapelt haben und auf dem Boden neben dem Sofa zahlreiche leere Kartoffelchipstüten herumliegen, wird sie wahrscheinlich fragen: »Was zum Teufel hast du denn hier angestellt?«

Und noch etwas, das Ihre Frau mit Sicherheit verrückt machen wird: Staub. Sie denkt an die unbefleckten Lungen Ihres Babys und an seine perfekten rosaroten Nasenlöcher. Wenn Sie etwas Kleingeld übrig haben, kaufen Sie einen Luftreiniger für das Babyzimmer oder bestechen Sie Ihre Haushaltshilfe (wenn Sie eine haben), damit sie diesmal besonders gründlich Staub wischt.

196. Machen Sie ein Schild mit der Aufschrift WILLKOMMEN ZU HAUSE für Ihre Frau und Ihr Kind.

(Okay, lassen Sie es bleiben, wenn Sie noch nie der Typ waren, der solche Schilder machte, und Ihre Frau denken könnte, Sie wären jetzt völlig durchgedreht.) Ansonsten ist dies ein guter Anfang für die Heimkehr Ihrer Frau. Auf dem Schild sollten folgende Worte stehen: WILLKOMMMEN ZU HAUSE (Name Ihrer Frau) UND (Name des Kindes). Befestigen Sie das Schild an der Eingangstür oder an einer Wand.

197. Bewahren Sie die Titelseite der Zeitung für Ihr Kind auf.

Oder wenn Sie, wie ich, nicht so ein begeisterter Konsument politischer Neuigkeiten sind, finden Sie etwas anderes. Die Mutter meiner Frau erinnerte mich daran, die Titelseite einer Zeitung von dem Tag aufzubewahren, an dem mein Sohn geboren wurde. Auf diese Weise würde er später davon lesen können, wie Saddam Hussein in die Ecke gejagt wurde. Statt dessen schnappte ich mir die Sportseiten. Michael Jordan hatte seine Gegner in die Ecke gejagt – *das* war die richtige Nachricht für meinen Sohn.

198. Prägen Sie sich die genaue Geburtszeit Ihres Kindes ein, und Ihre Frau wird begeistert sein.

Genau ein oder zwei Tage nach der Geburt schauen Sie auf die Uhr, geben Ihrer Frau einen Kuß und sagen: »Es ist ein Uhr dreiunddreißig.« Vielleicht sagt sie sogar: »Na und?« Sie werden antworten: »Weißt du noch, was wir vor genau vierundzwanzig (oder achtundvierzig) Stunden gemacht haben?« Sie wird tief beeindruckt sein.

199. Begrenzen Sie das Trauma auf ein Minimum, wenn Sie das Krankenhaus verlassen.

Denken Sie jetzt nur nicht an die Krankenhausrechnung – Sie werden sich später damit beschäftigen. Sehen Sie in ihrem Zimmer und in ihrem Bad nach, ob sie auch nichts liegengelassen hat. Nehmen Sie Ihr Baby auf den Arm und gehen Sie. Wenn Sie draußen sind, atmen Sie tief durch.

Bereits an der Tür werden Sie feststellen, daß, während Sie und Ihre Frau damit beschäftigt waren, ein Baby auf die Welt zu bringen, der Rest der Welt sich auf die gleiche ermüdende Weise weitergedreht hat. Es wurden auch weiterhin Kriege geführt, Politiker wurden angebetet oder bekämpft, die Börsenkurse sind gestiegen oder gefallen (oder beides), Autofahrer hupten im Verkehrsstau, Fußgänger gingen an Obdachlosen vorbei ... und so weiter. Fordern Sie in diesem Moment die Welt noch nicht heraus. Lassen Sie die Luft in Ihre Lungen strömen. Denken Sie daran: Das ist die erste frische Luft für Ihr Baby. Nein, keine Panik, wenn es kalt ist – Ihr Baby wird keine Lungenentzündung bekommen. Wie fühlen Sie sich? Überwältigt oder stolz? Wahrscheinlich beides, aber beachten Sie im Moment nur das zweite Gefühl. Zum ersten Mal sind Sie drei als Einheit in der Welt. Genießen Sie es.

200. Meine Herren, lassen Sie die Motoren an (noch einmal).

Sie machen sich auf den Weg nach Hause. Tragen Sie Ihr Baby in einer Brusttasche, und geben Sie Ihrer Frau den Arm. Selbst wenn sie sich auf den Krankenhauskorridoren völlig sicher fühlte, wird sie doch erst einmal geschockt sein von der Intensität des Lichtes und der Geräusche. Meiner Frau ging es auf jeden Fall so. In der Zwischenzeit war ich damit beschäftigt, mich in alle Richtungen nach potentiell gefährlichen Situationen umzusehen, als ob ich ein Bodyguard zum Schutz des Präsidenten wäre. Wer ist dieser komische Typ auf dem Parkplatz? Und der mit der Sonnenbrille, der direkt auf uns zukommt? Sieht der Autofahrer wirklich die rote Ampel und hält an? Ja, es ist ein wenig komisch – lachen Sie ruhig über sich selbst. Aber seien Sie sich im klaren darüber, daß Sie die Straße nie wieder auf die gleiche Weise betrachten werden. Niemals. Sie sind jetzt dafür da, Ihre Frau und Ihr Baby zu beschützen. Ich war bereit, jedem den Kopf abzureißen, der uns in irgendeiner Weise körperlich bedrohen sollte. (Vielleicht knurrte ich vor mich hin, vielleicht auch nicht. Zum Glück kam niemand in unsere Nähe.)

Gewöhnen Sie sich an dieses Gefühl. Es ist neu für Sie: auf der einen Seite sorgend und liebevoll zu Hause, auf der anderen Seite vorsichtig und beschützend in der Welt.

Denken Sie einmal einen Moment darüber nach, wie die Welt für Ihr Baby aussehen muß. Wenn Sie es nicht übermäßig eilig haben und Ihre Frau über den nötigen Mut verfügt, gehen Sie mit Ihrem Baby in einen Park. Zeigen Sie dem Kind ein Blatt, eine Blume, einen Zweig. Das erste Blatt. Der erste Zweig. Dies sind unglaubliche Momente.

Und nun steigen Sie ins Auto, verstauen Ihr Baby in aller Ruhe im Kindersitz – und fahren los.

Es geht los

201. Halten Sie durch.

Bereiten Sie sich darauf vor, die folgenden Worte von Ihrer Frau zu vernehmen: »Es war alles viel netter, als ich nur schwanger war.« Monatelang mußten Sie anhören, daß sie es nicht erwarten konnte, wieder in ihre alte Lieblingsjeans zu steigen, wie sehr sie den Umfang ihres Bauches haßte, wie sie von dem Baby träumte und endlich Mutter sein wollte. Ist dies vielleicht Nostalgie für die gute alte Zeit – der *Schwangerschaft*?

Ja, ist das denn so merkwürdig? Schauen Sie Ihre Frau an: Vom Bauchnabel bis zu den Grübchen auf ihrem Hintern tut ihr alles weh. Sie wußte nicht, daß Stillen schwieriger sein würde als das Andocken zweier Raumschiffe in der Erdumlaufbahn. Ihre Brustwarzen sind aufgesprungen, ihre Milch kommt nicht so leicht, wie sie es sich vorgestellt hatte, das Baby rutscht immer wieder von der Brustwarze ab, und es schreit – und zwar immer zur falschen Zeit! Vielleicht hatten Sie beide gehofft, mit einem Langschläfer gesegnet zu werden. Pech gehabt. Die ersten paar Tage waren nicht ganz so schlimm, aber dann legte das Baby den nächsten Gang ein und wurde vier, fünf, manchmal auch sechs Mal pro Nacht wach.

Ihre Frau kommt zu nichts anderem; Sie haben sich ein paar Tage frei genommen, und jetzt können Sie nur noch davon träumen, so schnell wie möglich wieder ins Büro zurückzukehren; die Kinderfrau ist zu träge, und Ihre Schwiegermutter erscheint Ihnen plötzlich nicht mehr als die schlechteste Alternative fürs Babysitting; Sie träumen von Schlaf in der gleichen Weise, wie Sie früher davon phantasierten, von einer ganzen Schar nackter Frauen sexuell verwöhnt zu werden.

Ist das die ungeschminkte Wahrheit? Teilweise. Auf wunderbare Weise wird alles immer besser – für Sie und für Ihre Frau. Denken Sie daran: Wenn es nicht so wäre, würde die Menschheit aussterben, weil sich die Gerüchte schnell überall verbreiten würden, daß sich das Kinderkriegen einfach nicht lohnt. (Wiederholen Sie zusammen mit mir: Es lohnt sich.) Und die Elternschaft wird bald zu einer so phantastischen Erfahrung, daß auch Sie zu den vielen Eltern gehören werden, die zwar noch nicht ganz vergessen haben, wie schrecklich kompliziert der Anfang ist, die sich aber inzwischen mit einem Lächeln an diese Zeit erinnern können. Tag für Tag wird das Elternsein leichter und leichter – bis es sich genau richtig anfühlt.

202. Benachrichtigen Sie Ihre Versicherung! (Letzte Warnung!)

Um es zu wiederholen: Sie haben nach der Geburt dreißig Tage Zeit, um Ihr Baby bei einer Krankenversicherung anzumelden. Lassen Sie sich nicht auf einen Krieg mit der Bürokratie ein, indem Sie am einunddreißigsten Tag anrufen. Tun Sie es heute. Lassen Sie alles stehen und liegen, bis auf das Baby, nehmen Sie den Hörer ab und wählen Sie die Nummer der Versicherung. Lassen Sie sich schriftlich bestätigen, daß Ihr Baby von nun an Versicherungsschutz genießt.

203. *Wenn Sie die Möglichkeit haben, nehmen Sie Erziehungsurlaub.*

Nein, ich vertrete nicht den Standpunkt, daß Sie an Ihrem Arbeitsplatz alles stehen und liegen lassen sollten, um dann vierundzwanzig Stunden am Tag bei Frau und Kind zu verweilen (mir wäre das auch nicht gelungen). Aber ich finde, daß Sie sich nur selbst schaden, wenn Sie während dieser allerersten Tage nicht ein wenig Zeit mit Ihrer neuen Familie verbringen. Können Sie sich absolut nicht aus dem Büro verabschieden? Überlegen Sie einmal, wie sehr Fax, Telefon, E-Mail, automatisch weitergeleitete Anrufe und Botendienste Arbeitsmöglichkeiten erlauben, die noch vor kurzer Zeit undenkbar gewesen wären.

204. *Wenn Sie von der Arbeit nach Hause kommen, küssen Sie zuerst Ihre Frau und Ihr Baby, bevor Sie irgend etwas anderes tun.*

205. *Schlagen Sie eine neue Seite auf.*

Vielleicht möchten Sie Ihren Ideen zum Thema Vaterschaft in einem neuen Notizbuch Ausdruck verleihen. Schreiben Sie Ihre Eindrücke nach Möglichkeit immer sofort auf – einer der traurigen Aspekte der Vaterschaft ist, daß Sie sich selten erinnern können, was noch vor zwei Minuten passiert ist! Legen Sie sich Ihr Notizbuch neben das Bett, und schreiben Sie jeden Abend das Wichtigste auf.

Ob Sie mir glauben oder nicht, wenn Sie es nicht tun, werden Sie es wahrscheinlich später bereuen. Eines Tages werden Sie in den Rückspiegel sehen, der Kindersitz ist weg, und Sie fahren gerade Ihr Kind zum Gymnasium. Dann werden Sie diese Aufzeichnungen noch einmal sehen wollen.

206. Wenn die großen Momente geschehen (wie zum Beispiel das erste Lächeln), genießen Sie in aller Ruhe.

Nehmen Sie sich Zeit. Lassen Sie die Eindrücke auf sich wirken, damit sie sich in Ihrem Gedächtnis für immer einprägen.

207. Sorgen Sie dafür, daß Sie immer einen Film in der Kamera haben und daß die Kamera immer griffbereit liegt.

Natürlich sind Sie müde (wahrscheinlich eine schamlose Untertreibung bei der Beschreibung Ihres Zustands). Aber die Tage gehen schnell vorbei; bald sind es Wochen, dann Monate, und Sie fragen sich, was denn eigentlich wirklich geschehen ist. Sie werden Fotos wollen, und zwar nicht nur die gestellten, steifen von Ihnen oder der Mama mit Junior auf dem Arm und einem Lächeln auf dem Gesicht. Fangen Sie die Momente dazwischen ein – wie Sie die Windeln wechseln, Ihr Baby mit einer Baseballmütze auf dem Kopf, Mutter und Kind beim Stillen, Sie kommen nach Hause mit chinesischem Essen.

208. Seien Sie auf folgende Wünsche vorbereitet: »Kann ich vorbeikommen und mir das Baby ansehen?« »Wann kann ich euch mein Geschenk für das Baby geben?« »Könnt Ihr mir alles genau erzählen?«

Obwohl sie es gut meinen, kann es Freunden und Verwandten durchaus gelingen, Sie und Ihre Frau völlig um den Verstand zu bringen! Nehmen Sie die Sache in die Hand. Verbringen Sie nicht unbedingt zwanzig Minuten mit Tante Agatha am Telefon, nur weil sie gerade in diesem Moment angerufen hat (als Sie gerade dabei waren, die Windeln zu wechseln). Lassen Sie die Gratulanten nicht nach Gutdünken vorbeischauen. Legen

10 GEDANKEN, DIE SIE MINDESTENS EINMAL AM TAG HABEN WERDEN:

1. Dies macht nicht halb so viel Spaß, wie ich ursprünglich geglaubt hatte.
2. Meine Frau hat mehr Spaß daran als ich.
3. Stillen ist nervend. Zuerst hat meine Frau davon geträumt, und jetzt hört sie nicht auf, sich zu beschweren.
4. Ich vermisse den Sex. Und ich weiß nicht, ob Sex jemals wieder wie früher sein wird.
5. Ich wollte, Babys würden gleich im Alter von achtzehn Monaten geboren oder was immer ein gutes Alter ist. (Und ich habe Schuldgefühle bei diesem Gedanken.)
6. Ich mache mir Sorgen, daß meine Frau bereits durch das Saugen unseres Babys an ihren Brüsten sexuell befriedigt wird. (Mein armer Penis!)
7. Ich bin die permanenten Störungen leid: Telefonanrufe, Besuche von Freunden, Arzttermine, Kindergeschrei rund um die Uhr, Windeln wechseln.
8. Habe ich jetzt keine Freiheit mehr? (Meine Frau auch nicht?)
9. Jetzt verstehe ich, warum meine Eltern so verrückt sind.
10. Wenn die Vaterschaft so toll ist, warum fühle ich mich plötzlich so zu meiner Arbeit hingezogen?

Sie sich einen Plan zurecht. Reservieren Sie eine bestimmte Zeit, zu der man Sie zurückrufen kann – nicht gerade während der hektischen Abendessenszeit, und auch nicht so spät, daß Sie sich schon im Bett befinden. Freitags abends oder sonntags morgens könnten die für Ihren Haushalt idealen Besucherzeiten sein.

Aber verlassen Sie sich nicht auf Ihre Frau bei diesen Entscheidungen. Frauen lieben es, allen Leuten ihr Baby vorzuführen – und sie merkt vielleicht nicht so schnell, wie sehr Ihr Familienleben unter den dauernden Unterbrechungen leidet.

209. Überlassen Sie die Verantwortung nicht allein Ihrer Frau.

Wenn Sie Ihrer Frau das schreiende Baby reichen und sagen »Versuch du mal, dieses Kind zu beruhigen«, so erklären Sie auf diese Weise Ihre eigene Inkompetenz. Wenn Sie linkisch mit Windeln herumfummeln, Ihre Dummheit zugeben und um Hilfe bitten, so bestätigen Sie nur, daß »Mütter alles am besten wissen«. Wie wir alle wissen, sind Väter hoffnungslos überfordert, wenn es um Babys geht. (Kann ich nicht wieder ins Büro gehen und etwas tun, bei dem ich weiß, wie es geht?)

Wieso können Väter Automotoren reparieren, Modellschiffe basteln, Radios zusammenbauen und Go-Karts montieren, aber keine Windeln festmachen? Gesellschaftliche Erwartungen. Wickeln ist einfach. Ein Baby zu halten ist genauso einfach. Ebenso einfach ist es, sanft den Rücken des Babys zu streicheln, während sein Kopf auf Ihrer Schulter ruht. Einfach ist auch, seinen Nacken zu stützen, damit Ihre Frau Sie nicht daran erinnern muß, daß die Nackenmuskeln noch nicht stark genug sind. Glauben Sie niemals daran, daß nur Ihre Frau das Baby versorgen kann, oder es wird Ihnen genau das geschehen.

210. Werden Sie ein Wickelprofi.

Lassen Sie uns das stereotype Bild vom tumben Vater begraben, der mit seinen beiden linken Händen keine Windeln anlegen kann. Nachdem Sie die vorherige Windel entfernt haben, Ihr Baby saubergemacht haben und die richtige Menge Salbe auf dem Po des Babys verteilt haben:

(1) Plazieren Sie den Po des Babys in die Mitte der neuen Windel. (2) Ziehen Sie den unteren Teil der Windel hoch und halten Sie den oberen Teil direkt unter dem Bauchnabel fest. (3) Ziehen Sie eine Seite herüber, befestigen Sie das Klebeband. (4) Ziehen Sie die andere Seite herüber, befestigen Sie das Klebeband. Bewundern Sie Ihre Leistung. Ihr Baby wird staunen. Wenn Sie unbedingt müssen, können Sie auch vorher an einer Puppe trainieren; es ist ungefähr so schwierig wie den eigenen Gürtel festschnallen.

211. Verbessern Sie die Verständigung mit Ihrer Frau.

Zuallererst sollten Sie damit aufhören, sich unnötig unhöfliche Kommandos an den Kopf zu werfen: »Wirf mal eine Windel rüber!« »Ich habe dir gesagt, du sollst noch Waschlappen kaufen!« »Koch mir etwas – ich bin am Verhungern!« Sagen Sie grundsätzlich »bitte« und »danke«; Sie werden staunen, wie weit Sie ein wenig Höflichkeit bringt. Dann sollten Sie die Anschuldigungen abschaffen: »Also, ich habe heute den ganzen Tag gearbeitet!« »Es war deine Idee, ein Kind zu bekommen!« »Kannst du nicht sehen, daß ich beschäftigt bin?!« Und zum Schluß sollten Sie die unvermeidliche Toilettendiskussion auf ein Minimum beschränken: »Hast du schon gemerkt, daß der Stuhl des Babys so eine Art halbflüssiges Braungelb ist – und er sieht aus wie Matsche und riecht so ähnlich wie damals, als wir im Urlaub waren? Glaubst du, es ist etwas Ernstes?« Und vergessen Sie die vielen lebhaften Beschreibungen von Auswürfen und Erbrochenem.

Denken Sie daran: Vor der Geburt des Babys hätten Sie nicht einmal mit Ihrem schlimmsten Feind auf diese Weise gesprochen, und jetzt erwarten Sie, daß diese wunderschöne Frau, mit der Sie ein Kind zur Welt gebracht haben, ohne weiteres ins Bett springen wird (hoffentlich bald) und Sie mit leidenschaftlichen Umarmungen beglücken wird?

Nehmen Sie sich irgendwie Zeit (ich weiß, Zeit scheint in diesen Tagen nicht mehr zu existieren), um sich mit Ihrer Frau auf die gleiche Art zu unterhalten, wie Sie es damals zu Anfang Ihrer Beziehung zu tun pflegten. Achten Sie darauf, wie sich der Körper Ihrer Frau verändert, und sagen Sie ihr, was Sie besonders schön finden: wie ihr Nacken aussieht, wenn sie stillt, wie ihre Haare auf die Schultern fallen, und so weiter. Natürlich haben Sie jetzt ein Partnerschaftsverhältnis begonnen – das Kind aufziehen –, aber wenn Sie Ihr Liebesverhältnis dabei vernachlässigen, so könnte dieses mit der Zeit immer mehr verblassen.

212. *Kaufen Sie ein paar Kisten vom Lieblingsmineralwasser Ihrer Frau, und verteilen Sie einige Flaschen auf die verschiedenen Zimmer des Hauses.*

Wenn sie gerade stillt und dabei dem Verdursten nahe ist, wird sie denken, daß Sie der aufmerksamste Ehemann der Welt sind.

213. *Teilen Sie der übrigen Menschheit auf elegante Weise mit, daß Sie künftig nicht mehr ganz so viel Zeit haben werden wie früher.*

Was machen Sie, wenn Sie Geschwister haben, die andauernd mit ihren Problemen bei Ihnen anrufen? Oder gute Kumpel, die darauf vertrauen, daß Sie ihnen bei ihren Beziehungskrisen zur Seite stehen? Sie haben unter Umständen keine Zeit mehr für all diese Menschen – und sie könnten beleidigt sein, daß ihnen Ihre Aufmerksamkeit nicht mehr uneingeschränkt zur Verfügung steht.

Erklären Sie ihnen, daß Sie sich nicht mehr stundenlang am Telefon unterhalten können oder daß Sie wirklich nicht mehr die Zeit haben, sich alle Einzelheiten anzuhören. Ihre Freunde werden Sie beschuldigen, daß sie im Stich gelassen werden – was in gewisser Weise richtig ist. Ihre Rolle hat sich gewandelt. Wenn sich ein Kumpel darüber beschwert, daß das gestrige Mädchen langweilig war, denken Sie bei sich: »Nerv mich doch nicht. Wenn du sonst keine Sorgen hast, komm endlich auf den Teppich«, und Sie werden sagen: »Ich muß auflegen. Mein Baby hat mir gerade auf die Schulter gekotzt.« (Eine bessere Entschuldigung ist wohl kaum möglich.) Wenn Sie den Hörer aufgelegt haben, werden Sie zu Ihrer Frau sagen, daß Sie es kaum glauben können, wieviel Zeit Sie früher verschwendet haben. Und staunen Sie nicht immer mehr darüber, wie kinderlose Leute stundenlang vor sich hin trödeln können, ohne irgend etwas zu tun?

214. Machen Sie Ihrer Frau viele Komplimente.

Ihr Säugling ist noch zu jung, um zu seiner Mutter zu sagen: »Mama, ich kann dir gar nicht beschreiben, wie toll ich es finde, daß ich an deinen Brüsten herumkauen darf.« Deshalb wird Ihre Frau in zunehmendem Maße Lob und Komplimente vermissen. Fangen Sie damit an, Ihr bewundernd zu sagen, wie fest und straff ihr Bauch und ihr Hintern schon wieder sind (sie wird Sie einen Lügner schimpfen, was richtig sein mag, aber wenn Sie sich oft genug wiederholen, entlocken Sie ihr am Ende doch noch ein Lächeln). Dann sagen Sie ihr, wie überrascht Sie darüber sind, wie viele Dinge sie gleichzeitig bewältigen kann (junge Mütter hassen es, daß diese Tatsache niemandem auffällt)!

215. Halten Sie die Hand oder den Fuß Ihres Babys, während es gestillt wird.

Es ist toll für Sie, für Ihre Frau und für das Baby.

216. Bitten Sie Ihre Frau, damit anzufangen, die Muttermilch in Flaschen zu füllen, so daß Sie auch einmal das Baby füttern können (und sie sich ausruhen kann).

Nein, natürlich ist es nicht das gleiche wie das Angebot einer weichen, warmen Brust, aber Ihr Baby wird Ihnen tief in die Augen blicken, gurgeln und sich an Ihren Fingern festkrallen, und Sie werden sich auf ganz neue Weise als Teil der Ernährungskette verstehen lernen. Nahrung anbieten ist wundervoll. Am besten dabei ist, Ihrem Neugeborenen zuzusehen, wie es in tiefen Schlaf fällt, während seine Lippen noch saugen, seine winzige Zunge noch ab und zu vorstößt, und wie das kostbare Bündel sich allmählich in Ihren Armen entspannt. Hören Sie zu, wie die Luft durch die kleinen Nasenlöcher strömt. Schauen Sie sich die zarten Wangen genau an. Darauf haben Sie neun Monate gehofft. Genießen Sie diesen Anblick und dieses Gefühl in aller Ruhe.

217. Erledigen Sie eine Sache nach der anderen.

Die Versuchung besteht, in einem Topf auf dem Herd zu rühren, mit dem Kochlöffel in der einen Hand und dem Telefon in der anderen, dabei mit einem Auge die Zeitung zu lesen, die Sie auf dem Küchentisch ausgebreitet haben, mit dem anderen Auge die Sportsendung im kleinen Fernseher auf dem Küchenschrank zu verfolgen, während Ihre Frau gerade dabei ist, die Windeln zu wechseln, und Ihnen dabei von den Mühen des Tages berichtet. Es geht einfacher. Wenn Sie versuchen, alles gleichzeitig zu erledigen, wird Ihnen nichts davon gut gelingen. Die unweigerlichen Fehler werden dann Zeichen sein, etwas langsamer vorzugehen.

218. Feiern Sie, wenn Sie die Geburtsurkunde Ihres Kindes in Händen halten.

Ihre Frau hofft, daß Sie Ihre romantische Ader, die während der Schwangerschaft so wunderbar zum Vorschein kam, nicht so schnell wieder verstecken – und das ist Ihre Gelegenheit. Öffnen Sie eine Flasche Champagner oder Wein, stoßen Sie an und weisen Sie darauf hin, wie wichtig dieses Dokument ist. Und dann sollten Sie es nicht verlieren. Hinterlegen Sie es in Ihrem Bankfach, oder deponieren Sie es in einem verschließbaren Aktenschrank.

219. Wenn Sie eine Kinderfrau anstellen, achten Sie darauf, daß Sie die richtige Person erwischen.

Wir hatten unsere Kinderfrau sechs Monate vor dem voraussichtlichen Geburtstermin ausgewählt. Meine Frau sprach von nun an einmal im Monat mit ihr am Telefon, um den Kontakt aufrecht zu erhalten – hauptsächlich um meine Besorgnis zu dämpfen, daß sie uns vergessen würde.

Unser Baby sollte in der ersten Dezemberwoche geboren werden; es wurde schließlich am 24. Dezember geboren (so viel zum Thema »Voraussichtlicher Geburtstermin«). »Sollten wir nicht unsere Kinderfrau benachrichtigen?« fragte ich am Abend. Meine Frau rief bei ihr an und wünschte ihr Frohe Weihnachten. Dann sagte sie ihr, daß wir am neunundzwanzigsten wieder zu Hause sein würden und daß wir sie kurz vor der Abfahrt aus dem Krankenhaus anrufen würden.

Wie ausgemacht riefen wir sie am 29. Dezember an; wir hinterließen eine Nachricht auf ihrem Anrufbeantworter, aber sie rief nicht zurück. Ich hatte gleich das Gefühl, wir würden nie wieder von ihr hören. »Ich nehme an, sie kommt direkt vorbei«, sagte meine Frau. Mir gelang nicht einmal ein Nicken.

Wir versuchten noch einige Male, sie telefonisch zu erreichen – es war nie jemand zu Hause. Einige Stunden später, als wir gerade versuchten, uns in unserer eigenen Wohnung wieder zurechtzufinden, schellte es an der Tür. »Siehst du?« rief meine Frau aufgeregt. Wir wohnten damals im fünften Stock eines älteren Mehrfamilienhauses in New York. Wir hatten keinen Aufzug, und wir waren deshalb sehr überrascht, als bereits Sekunden später ein etwa siebzehnjähriges Mädchen die Treppen heraufgestürmt kam. »Wer bist du denn?« fragte ich erstaunt. »Meine Mutter ist krank«, erklärte sie. »Ich werde statt dessen Ihre Kinderfrau sein.« Uns blieb der Mund vor Staunen offen stehen. »Machen Sie sich keine Sorgen«, las sie meine Gedanken. »Ich habe reichlich Erfahrung.«

Ich rief die Mutter des Mädchens an – unsere Kinderfrau –, und sie sagte, daß sie zum Neuen Jahr gern ein paar Tage länger Ferien machen wollte. Sie bestand darauf, daß wir es mit ihrer Tochter versuchen sollten. »Sie weiß alles.« In Ordnung. Es gibt ein paar Kleinigkeiten – wie zum Beispiel einige Einzelheiten zum Thema Stillen –, von denen ein siebzehnjähriges Mädchen vielleicht nicht die allergrößte Kenntnis hat.

Wir beendeten dieses Arbeitsverhältnis und riefen bei einer bekannten Agentur an, die uns eine »echte Professionelle« schickte. Es hätte vielleicht ganz gut mit dieser Dame geklappt, wenn sie nicht von morgens um sechs bis Mitternacht ihr kleines Transistorradio auf einen religiösen Sender eingestellt hätte. Aus dem Kinderzimmer kamen daraufhin energische Worte vom »Herrn im Himmel«, »Höllenfeuer« und von »Vergebung«. Als sie mir schließlich eine Broschüre überreichte und erklärte, daß Leute meiner Religion in der Hölle braten würden, bedankte ich mich für ihre Dienste und sagte: »Wir werden Sie jetzt nicht mehr brauchen.«

Dann wurde uns eine steife, ältliche Engländerin geschickt, die dürre Lippen und Einstellungen hatte, die ungefähr so flexibel wie hart gewordener Zement waren. Ich fühlte mich etwa so, als ob ich einen Beamten vom Finanzamt eingestellt hätte. Ich gab mir besondere Mühe, nur noch mit geschlossenem Mund zu kauen, zog zum ersten Mal in meinem Leben einen Pyjama an, reinigte mein Vokabular von sämtlichen Flüchen und war am Ende außerordentlich erleichtert, als sie zu einem anderen Baby mußte.

Ich rief die Agentur noch einmal an und erklärte unser Dilemma, mit dem Baby auf dem Arm und dem Telefon mit der Schulter ans Ohr gepreßt. »Haben Sie etwas gegen große Menschen?« fragte mich die Chefin der Agentur. »Groß?« fragte ich. »Ja. Leibesfülle. Übergewicht«, sagte sie sanft. »Kein Problem«, entgegnete ich. »Solange sie gut mit Babys umgehen können.«

Ein paar Stunden später drückten wir auf den Türöffner, und nach etwas mehr als fünf Minuten stand sie schließlich schnaufend vor unserer Wohnungstür. »Wieso haben die hier eigentlich keinen Aufzug eingebaut?« fragte eine wirklich stämmige Frau fröhlich. Sie trat ein und ließ sich in meinen antiken Pariser Clubsessel (Jahrgang 1905) fallen. Ich konnte hören, wie das verschrumpelte antike Leder aufschrie. Blöd von mir, solche Sorgen zu haben (zwei Jahre später pellte meine Tochter das gesamte Leder von den Armlehnen dieses Sessels). Denn in kürzester Zeit vollführte unsere neue Kinderfrau Discotänze mit unserer kleinen Tochter, zu den Klängen von B-52 »Love Shack«. Sie wußte alles, was man wissen mußte über Stillen,

Aufstoßen, Schlaf einteilen und über das Abenteuer, mit dem Baby auf Entdeckungsreise zu gehen. Vor allen Dingen vermittelte sie uns, daß Babys unendlich viel Spaß machen. Wir waren hingerissen, völlig verliebt in unsere Elternschaft mit einer solchen Unterstützung.

Natürlich wird Ihre Frau begeistert sein, wenn Sie es sich erlauben können, eine Kinderfrau einzustellen, um bei den vielen Kleinigkeiten der ersten Wochen behilflich zu sein. Letztendlich ist es allerdings die Lebenseinstellung der Kinderfrau, die Ihnen am meisten weiterhilft. Wenn Sie jemanden finden können, der alles schon einmal mitgemacht hat und trotzdem noch Spaß daran findet, dann haben Sie besonderes Glück gehabt.

Obwohl ich zugeben muß, daß unsere Erfahrungen mit Kinderfrauen ein wenig merkwürdig waren, so muß ich sagen, daß ich Dutzende ähnlich merkwürdige Geschichten gehört habe. Aber vielleicht haben Sie Glück, und Ihre Kinderfrau wird Sie (und Ihr Baby) an Mary Poppins erinnern.

220. Vergleichen Sie Ihr Sexleben nicht mit dem von allen anderen Leuten.

Viele zukünftige Väter sind so sehr mit der bevorstehenden Geburt beschäftigt, daß ihnen nicht klar ist, daß jener Stoß, der die Wehen auslösen sollte, vielleicht der letzte Sex für Monate sein wird! Als die endlosen Wehenschmerzen meiner Frau schließlich mit einem Kaiserschnitt endeten, war ich so erleichtert, daß es ein kleiner Schock war, als der Arzt uns wenig später im Zimmer meiner Frau eröffnete, wie wir uns zu verhalten hätten. Sechs Wochen … (mindestens)!

Aber seien Sie einmal ehrlich: Dies ist nicht das erste Mal in Ihrer Sexualkarriere, daß Sie sechs Wochen keinen Sex haben. Vielleicht ist es das erste Mal, seit Sie verheiratet sind, aber bevor Sie in eine tiefe Depression verfallen, erinnern Sie sich daran, daß es noch andere Methoden der sexuellen Befriedigung gibt. Ob Sie nun den Mund verziehen oder eine Szene machen, es ändert nichts an den medizinischen Tatsachen: Die Wunde Ihrer Frau muß verheilen.

Unabhängig davon, wie sehr Ihre Frau diese Heilungszeit willkommen heißt, wird sie sich wahrscheinlich über Ihr gemeinsames Geschlechtsleben Sorgen machen. Drehen Sie das Klischee vom ungeduldigen Vater einmal um. Versichern Sie Ihrer Frau, daß Sie sieben Wochen, acht Wochen oder auch neun Wochen warten werden – wie lange es auch dauern sollte. Sie sollte nicht das Gefühl haben, daß die Tage jetzt abgezählt werden.

Was Sie natürlich stören könnte: das aktive Sexualleben eines anderen Paares. Über eine geraume Zeit schien es, als ob alle Leute, die wir kannten, auf das Ehepaar Jones zeigten, das wir alle kannten, und dann meiner Frau oder mir berichteten: »Die machen es jede Nacht. *Jede Nacht.*« »Ist ja schon gut«, antwortete ich. »Es stimmt«, sagten die Leute. »Ihr seid ja nur eifersüchtig. Außerdem haben die *wahnsinnigen* Sex. *Und* sie haben auch Kinder. *Und* sie kennen sich schon seit dem Gymnasium.« Verloren und mit müden Augen folgte ich dem Paar mit meinen Blicken. Die braungebrannte Ehefrau hatte lange, kastanienbraun gefärbte Haare und schien immer in Aerobic-Klamotten herumzulaufen, ein Sweatshirt um die Hüften geknotet. Der Ehemann trug elegante dunkle Anzüge, wie jemand, der an der Börse arbeitet – dezente Verpackung für den Tiger, der sich dahinter verbarg.

»Glaubst du, daß das stimmt?« fragte mich meine Frau, als wir wieder einmal völlig erschöpft (wie in letzter Zeit immer) ins Bett fielen.

Als das Ehepaar Jones sich etwa einen Monat später trennte, kannte ich eine größere Gruppe verheirateter Paare, die in kollektiver Erleichterung aufatmeten. Der Mythos war gebrochen.

Es wird eine Weile dauern, aber Ihr Sexleben kommt wieder.

221. *Stellen Sie sich darauf ein: So erschöpft waren Sie noch nie zuvor.*

Sie sitzen in Ihrem Büro am Schreibtisch, in Ihrem Kopf dreht sich alles, Ihre Augen schmerzen, Ihr Zahnfleisch und Ihre Zähne ebenfalls, und Sie legen – trotz aller guten Vorsätze – Ihren Kopf auf den Schreibtisch und fallen in den tiefsten Schlaf Ihres Lebens. Als Sie aufwachen, ist Ihnen Speichel über die Wangen gelaufen, Ihr Gesicht ist von Schlaffalten durchzogen. Sie heben Ihren Arm, der eingeschlafen war, und starren auf Ihre Armbanduhr. Zwanzig Minuten oder zwei Stunden sind vergangen. Das Problem ist, Sie hatten vor dem Schläfchen noch nichts getan, und jetzt sind Sie zu geschafft von Ihrem Nickerchen, um noch irgend etwas zu erledigen. In Ordnung, sagen Sie, dann machen wir eben morgen weiter – als ob Sie morgen nicht genauso müde sein werden wie heute.

222. *Unterschätzen Sie die Depression nach der Geburt nicht – die Depression Ihrer Frau und Ihre eigene.*

Der Hormonspiegel Ihrer Frau ist ganz weit nach unten gesunken. Sie hat Millionen deprimierender Gedanken: ein Dammschnitt, vielleicht eine Narbe von einem Kaiserschnitt, Schwierigkeiten beim Stillen, wunde Brustwarzen, Schlaflosigkeit, diverse Schmerzen, ein Baby mit Koliken. Und was ist mit Ihnen? Sie scheinen auch Probleme zu haben. Und auch Sie denken an Millionen Dinge gleichzeitig: Im Büro ist der Teufel los, das Haus ist ein einziges Durcheinander, hektische Mahlzeiten, nicht genug Schlaf, eine Krankenhausrechnung, die so lang und so unverständlich ist wie der Haushaltsplan der Regierung, ein Baby mit Koliken. Ach ja, und eine Frau mit Depressionen. Um es kurz zu machen, Sie sind beide völlig überlastet.

Alle Klischees, die Sie hören, sind wahr. »Es geht sehr schnell.« »Sie drehen sich um und die Kinder sind schon erwachsen.« *Egal wie müde und abgespannt Sie sind, im Rückblick werden Sie feststellen, daß es die schönste Zeit Ihres Lebens war. Haben Sie jemals von einem fünfundsechzigjährigen Mann Beschwerden gehört, daß er nicht genug Zeit im Büro verbracht habe? Sie haben jedoch sicherlich schon gehört, wie ein älterer Mann sich wünschte, er hätte mehr Zeit gehabt, als seine Kinder ihn wirklich brauchten.*

Sorgen Sie dafür, daß Sie Ihren Absturz auffangen. Vielleicht ist Gymnastik die richtige Medizin für Sie. Versuchen Sie es noch einmal mit dem Springseil, um Ihr Adrenalin hochzupumpen. Oder suchen Sie sich einen steilen Berg, den Sie mit dem Fahrrad erobern können – wenn Sie es schließlich bis ganz oben geschafft haben, haben Sie alle anderen Probleme vergessen. Ein Tagebuch kann auch helfen. Mehr Licht könnte helfen – lassen Sie die Rolladen oben, insbesondere während eines dunklen Winters (kaufen Sie Halogenlampen für lange Winternächte). Ein Kaminfeuer kann ebenso für eine gemütliche Atmosphäre sorgen. Sprechen Sie mit anderen Vätern. Stecken Sie Ihr Baby in den Kinderwagen, und machen Sie einen Marsch durch den Park. Wenn Herbst ist, harken Sie einen Berg Laub zusammen und springen Sie hinein.

Und besinnen Sie sich auf das Grundlegende: große Salate, viel Obst und Früchte (tropische Früchte sind hervorragend, insbesondere wegen der Vorstellung von Palmenstränden und türkisblauem Meer), viel Gemüse. Trinken Sie etwas weniger.

Denken Sie daran, der erste Schritt ist immer der härteste. Wenn Sie sich deprimiert fühlen, ein Schritt, und zwar fast *jeder Schritt*, wird dafür sorgen, daß Sie sich besser fühlen.

223. *Seien Sie sich darüber im klaren, daß sich das Verhältnis zu Ihrem Baby noch lange Zeit sehr einseitig anfühlen wird.*

Haben Sie nicht den Eindruck, daß Sie nur geben, geben und nochmals geben und daß Ihr Baby nur zum Nehmen, Nehmen und nochmals Nehmen in der Lage ist? Aber alles, was Sie jetzt tun, wird irgendwie von diesem kleinen Gedächtnis gespeichert, und später erhalten Sie alles in immer größeren Portionen zurück. Es ist eins der merkwürdigen Naturgesetze; man braucht nur viel Geduld. Verzweifeln Sie also nicht. Manchmal ist die beste Medizin, einen Spaziergang um den Block zu machen. Wenn Sie wieder zurückkommen, können Sie es schon gar nicht mehr erwarten, das glucksende Baby auf den Arm zu nehmen.

224. *Glauben Sie nicht, daß Sie der erste Vater sind, der auf Zehenspitzen ins Kinderzimmer schleicht, um sich davon zu überzeugen, daß das Baby noch atmet.*

Es ist uns allen so ergangen. Gehen Sie hin, hören Sie dem Baby beim Atmen zu, oder beugen Sie Ihren Kopf herunter, um den Atemhauch zu fühlen. Dann werden Sie feststellen, daß wir Menschen relativ widerstandsfähig sind. Wir überleben. Versuchen Sie, locker zu bleiben. Babys brauchen auch manchmal Zeit, um sich von der Welt zu distanzieren und abzutauchen. Es könnte sein, daß jedes Mal, wenn Sie leise ins Kinderzimmer kommen und mit großen Augen nach Lebenssignalen forschen, sich das Baby verwundert fragt: *Warum ist Papa so verrückt?*

Sparen Sie sich wiederholte sorgenvolle Ausflüge ans Kinderbettchen – kaufen Sie ein Babyphone. Aber achten Sie darauf, daß Sie die Lautstärke so einstellen, daß Sie nicht bei jedem Rascheln der Bettdecke Ihres Kindes aus dem Schlaf geschreckt werden.

225. Haben Sie keine Scheu davor, Ihren Kinderarzt morgens um vier Uhr anzurufen.

Atmen Sie tief durch, nehmen Sie den Hörer ab und wählen Sie. Natürlich sollten Sie Ihre aufgeregten und verzweifelten Fragen mit einer (kurzen) Entschuldigung einleiten, aber dann sollten Sie alle ernsthaften Sorgen, die Ihnen zu dieser Stunde auf dem Herzen liegen, in diesem einen Anruf zum Ausdruck bringen. (Rufen Sie nicht noch ein zweites Mal an, außer in einem echten Notfall.)

226. Verbringen Sie Zeit mit Ihrem Baby.

Allzu viele Väter verbringen fast überhaupt keine Zeit mit ihren Babys und wundern sich dann später, warum sie sich so entfremdet fühlen. Sogar vor dem Zeitpunkt sprachlicher Äußerungen bemerkt Ihr Kind in aller Deutlichkeit, daß Papa wichtigere Dinge im Kopf hat. Machen Sie es anders: Nehmen Sie sich die Zeit dafür, Spiele zu spielen, zu singen, zu tanzen, lange Spaziergänge zu machen, die Natur zu erklären und Ihr Kind in die Geheimnisse diverser Sportarten einzuführen.

***Stecken Sie sich ein Foto vom Baby in Ihre Brieftasche.** Jeder möchte ein Bild von Ihrem Kind sehen.*

---

227. Umarmen Sie Ihren Sohn genauso oft wie Ihre Tochter.

Es ist eine traurige Tatsache, aber Generationen von Vätern haben befürchtet, der Mann-zu-Mann-Kontakt würde die weibliche Seite ihrer Söhne zur Entfaltung bringen. Völliger Schwachsinn. Jungen, die ihre Väter niemals dabei sehen, wie sie ihre Liebe und ihre Emotionen zeigen, werden zu Männern, die ihre Gefühle nicht zeigen können, und entwickeln sich später zu steifen alten Knackern. Wollen Sie das?

228. Erwarten Sie nicht, daß Sie die Hauptattraktion für das Baby sind, wenn die Mama sich im Zimmer befindet.

(Sie sind nicht derjenige, der die magischen Brüste hat!) Wenn Sie die Bindung zu Ihrem Baby stärken wollen, dann müssen Sie das Baby von diesen zwei phantastischen Babymagneten am Körper Ihrer Frau entfernen. Nehmen Sie den Kinderwagen oder den Tragesack und machen Sie einen Spaziergang.

Begreifen Sie die Vorteile der Vaterrolle. Während Mütter Sicherheit bedeuten, so repräsentieren Väter Stärke und Freiheit. Sie sind die Verbindung zur Außenwelt. Gehen Sie aus dem Haus, aber seien Sie gerüstet: Nehmen Sie Waschlappen und Windeln (nicht nur eine) mit, und vergessen Sie auch nicht die Flasche mit Muttermilch. Setzen Sie dem Baby eine Mütze auf, wenn es kalt ist (die alte Theorie des Wärmeverlustes vom Kopf abwärts), aber übertreiben Sie es nicht mit den warmen Sachen, denn das Baby kann Ihnen nicht sagen, ob ihm nicht so schon zu warm ist.

An der Haustür kann es zur ersten Protestaktion des Babys kommen. Achten Sie darauf, daß Ihre Frau Ihnen die Aufgabe erleichtert (und nicht erschwert), indem sie sich auf positive Weise verabschiedet. (Es gibt nichts Schlimmeres als ein ausgedehntes Geplänkel nach dem Motto »Wann werde ich dich denn wohl wiedersehen?« Bei einem solchen Abschied können Sie fast darauf wetten, daß Ihr Baby im nächsten Moment losschreit.) Nun machen Sie einen ausgiebigen Spaziergang. Gebrauchen Sie all Ihre Sinne, und berichten Sie Ihrem Kind, was Sie sehen und fühlen. Vögel zwitschern. Blätter öffnen sich. Ihr Baby möchte oft Ihre Stimme hören; Ihre Stimme ist gleichzeitig Beruhigung und Bestätigung.

Sie werden anfangen, die Welt durch die Augen Ihres Kindes zu sehen: als eine Montage vieler Eindrücke, vieler Bilder und vieler Laute. Wenn Sie diesen kleinen gedanklichen Schritt machen, wird Ihnen die Welt wesentlich verwirrender und verzauberter vorkommen, als Sie es bisher gewohnt waren.

229. *Statt ihr nur Liebes- und Dankeserklärungen zu machen, lassen Sie Ihre Frau auch einmal ausruhen.*

Natürlich sind Sie selbst auch müde und erschöpft. Sie müssen aber zugeben, daß Ihre Frau eine Menge durchgemacht hat und daß die Dinge (vorläufig) nicht leichter für sie werden. Lassen Sie ein Vollbad für sie ein, und gehen Sie mit Ihrem Baby vor die Tür. Empfehlen Sie Ihrer Frau, ebenfalls einmal aus dem Haus zu gehen, in einen Buchladen, in ein Café mit ihren Freundinnen – aber nicht, um Waschlappen und Windeln einzukaufen. Sie könnten sogar noch einmal über die diversen Angebote zum Babysitting von verschiedenen Leuten Ihrer Verwandtschaft nachdenken (die Sie zunächst so vehement zurückwiesen). Nein, diese Großeltern waren keine perfekten Eltern (Sie haben sich seit Ihrer Pubertät ausgiebig mit der Analyse all ihrer Fehler beschäftigt), aber sie zeigen sich plötzlich hilfsbereit und freundlich (und ihre Fehler erscheinen nicht mehr als ganz so schwerwiegend). Sie sollten wissen:

Vielleicht sind sie bessere Großeltern als Eltern. Das scheint recht häufig zu geschehen – und Sie, Ihre Frau und insbesondere Ihr Baby sind dann die glücklichen Nutznießer.

230. Gehen Sie mit Ihrer Frau zum ersten Mal nach der Geburt aus.

Bestehen Sie darauf, sobald Sie das Gefühl haben, Ihr Baby eine kleine Weile unter anderer Aufsicht zurücklassen zu können. Gehen Sie in ein ruhiges Restaurant (Sie haben nicht die Kraft, Ihre Stimme zu erheben), und dann erzählen Sie Ihrer Frau in aller Ehrlichkeit, wie Sie sich als Vater fühlen.

Eine Woche nach der Geburt unserer Tochter stolperten meine Frau und ich in ein indisches Restaurant in der Nachbarschaft, ließen uns in die Sessel fallen und bestellten einige Liter indisches Bier, indisches Tandoori-Hühnchen und Gemüse. Wir legten die Ellbogen auf den Tisch und stützen den Kopf in die Hände. Wir hätten Zahnstocher benutzt, um unsere Augenlider aufzuhalten, wenn wir welche gehabt hätten. Ich sagte: »Täusche ich mich, oder ist dies alles viel anstrengender, als wir es uns vorgestellt hatten?« Wir brachen in solch ein hysterisches Gelächter aus, daß uns bald die Tränen in den Augen standen. Die indischen Kellner dachten, wir wären verrückt.

Niemand – und ich meine wirklich niemand – weiß, wie hart der Anfang mit einem Säugling sein kann, wenn er es nicht selbst erlebt hat. Unter Gelächter und Tränen sagte meine Frau: »Ich kann mir meine Haare immer erst um zwei Uhr nachmittags waschen. Ich fange immer wieder an, mir einen Kaffee zu machen, dann werde ich unterbrochen und fange von neuem an und werde wieder unterbrochen – und das geht so den ganzen Tag lang, bis ich schließlich Kopfschmerzen bekomme, weil ich keinen Kaffee getrunken habe, und mir dann nicht erklären kann, warum ich Kopfschmerzen habe. Das Badezimmer ist inzwischen mein Büro. Ich gehe hinein, damit ich vom schnurlosen Telefon ein paar Anrufe machen kann oder einfach nur, damit ich für ein paar Minuten meine Ruhe habe!« Ich antwortete: »Und ich lese jeden Abend dieselbe Seite im selben Buch ... und dann stelle ich immer wieder erstaunt fest, daß ich die Seite ja schon ein Dutzend Mal gelesen habe!« Wir brachen erneut in Gelächter aus. »Wie kann ein so kleines Wesen den Lauf unserer ganzen Welt verändern?«

An diesem Punkt schlief meine Frau fast auf ihrem Vorspeisenteller ein. Trotzdem hatte unser Restaurantbesuch etwas Beruhigendes; wir gehörten jetzt zu den Millionen von Menschen, die ihre eigenen Grenzen feststellen mußten, sobald sie Eltern wurden. Es war gleichzeitig ernüchternd und berauschend. Es half uns, unsere Fehler zuzugeben; wenn einer von uns so getan hätte, als ob alles in bester Ordnung wäre, so hätten wir als Eltern gleich zu Anfang eine falsche Richtung eingeschlagen.

231. Ausgehvorschläge für Eltern:

Gehen Sie allein aus, nur Sie und Ihre Frau. (Sie sind zu müde für belangloses Geschwätz mit Ihren Freunden, und Ihr Kopf dreht sich wie ein Sommerreifen auf Glatteis.) Versuchen Sie, ohne Schuldgefühle auszugehen. Außerdem werden Sie und Ihre Frau kaum über etwas anderes sprechen als über Ihr Baby – das ist normal. Gehen Sie in ein romantisches Restaurant. Setzen Sie sich neben Ihre Frau, nicht ihr gegenüber, damit Sie einander nicht in die blutunterlaufenen Augen schauen müssen und die Müdigkeit des Partners allzu deutlich vor sich sehen. Suchen Sie sich ein Restaurant mit Sitzbänken, damit Sie neben Ihrer Frau sitzen können, und nutzen Sie die Gelegenheit, ihre Hüfte zu streicheln. Massieren Sie ihren Nacken, wenn sie andauernd ihren Kopf zur Seite neigt, um sich zu strecken. Halten Sie ihre Frau nicht zurück, wenn sie eine Hand zwischen Ihre Schenkel schiebt – Sie werden sich wieder jung und frech fühlen, und keiner wird es sehen. Lernen Sie von den Franzosen, die Meister darin sind, Mahlzeiten der Vergangenheit wieder auferstehen zu lassen. Erinnern Sie Ihre Frau an das phantastische Meeresfrüchtegericht in Ihrem letzten Urlaub: das kleine Restaurant direkt am Meer, das Rauschen der Wellen, und was Sie nachher zusammen gemacht haben – oder so ähnlich. Solche Erinnerungen beweisen Ihrer Frau, daß Sie beide auf lange Sicht auch noch etwas anderes außer Windeln wechseln unternehmen werden. Wenn Sie ins Kino gehen, nehmen Sie ein Handy mit (richtig, diesmal werden Sie selbst zu diesen nervenden Leuten gehören). Halten Sie es allerdings griffbereit, damit Sie es schnell abstellen können (dann werden Sie wenigstens nicht zu diesen *anderen* nervenden Leuten gehören, die vier Mal hintereinander aufstehen, um ihren Babysitter anzurufen). Wenn Sie Ihr Handy vergessen haben, setzen Sie sich an den Gang, damit Sie nicht Ihrem Sitznachbarn das Popcorn aus der Hand schlagen, wenn Sie aufstehen, um den Babysitter anzurufen.

232. *Verklären Sie nicht die Vergangenheit – verklären Sie die Gegenwart.*

Folgendes wird passieren: Sie und Ihre Frau nehmen das Baby mit in die große, weite Welt. Sie schaffen es kaum, einen Fuß vor den anderen zu setzen vor lauter Müdigkeit, also stolpern Sie ins nächste Selbstbedienungscafé. Während Ihre Frau sich freundlicherweise anbietet, zwei Tassen des stärksten gesetzlich erlaubten Kaffees zu holen, wandern Ihre müden Augen hinüber zu einem jungen, unverheirateten Paar auf der anderen Seite des Raumes. Sie lesen in aller Ruhe die Zeitung. Den jungen Mann bemerken Sie kaum, aber die junge Dame hat Ihre ungeteilte Aufmerksamkeit. Ihre Haare sind noch naß vom Duschen. Ihre Jeans sind hauteng. Sie lehnt sich herüber, um sich einen anderen Teil der Zeitung zu nehmen, und durch den Ausschnitt ihres weiten Sweatshirts können Sie bis zu ihrem Bauchnabel hinuntersehen – ein grandioserer Anblick als die Alpen am Genfer See. Sie denken: *Ich war einmal wie dieser junge Mann – keine einzige Sorge in der Welt außer der Frage, wie man dieses junge Mädel bei guter Laune halten konnte, damit sie heute abend wieder mit mir in die Federn kriecht.*

Aber das ist die Ironie der Geschichte. Sie schaut auf und lächelt. Ihre Frau kommt gerade mit zwei dampfenden Tassen Cappuccino zurück, Ihr Baby gibt gurgelnde Laute von sich, und Sie und Ihre Frau lachen dieses kleine Wesen an. Das Mädchen flüstert aufgeregt ins Ohr ihres Freundes – sicherlich etwas von Heirat und Babys –, und er wird ganz steif. Sie fangen einen Streit an. Sie steht auf, stürmt aus der Tür, und er fragt sich, welcher Blitz ihn getroffen hat. Während er seiner Freundin hinterherläuft, fällt sein Blick auf Ihre Familie, und ihm wird schlagartig klar, was gerade seinen Tag ruiniert hat.

Das war Ihr früheres Leben! Seien Sie ehrlich – war es so toll? Also konzentrieren Sie sich auf die Gegenwart. Wenn es irgend etwas gibt, wobei Sie romantische Gefühle empfinden sollten, so ist das Ihr neues Leben – das im Moment ein paar schwierige Phasen durchläuft und deshalb Auftrieb gebrauchen kann, wann immer Sie Gelegenheit dazu haben.

233. Gehen Sie bei den ersten Malen mit, wenn Ihre Frau mit Ihrem Baby zum Kinderarzt geht.

Bereiten Sie sich auf weitere Höhen und Tiefen vor. Zuerst werden Sie irritiert sein – Sie haben stundenlang in dem netten Wartezimmer ausgeharrt, während alle nur denkbaren Bakterien und Viren in Richtung der unschuldigen Lungen Ihres Babys gehustet, geniest oder gespuckt wurden. Dann strahlen Sie stolz vor sich hin, als die Helferin Sie in einen kleineren Raum bringt und Ihnen sagt, daß Ihr Baby das schönste ist, das sie bisher gesehen hat (in den letzten fünfzehn Minuten). Ihre Irritation nimmt wieder zu, als Sie von neuem warten müssen. Dann ist Ihre Frau verärgert, weil Sie in den Flur hinausgegangen sind und den Doktor genervt haben, der gerade dabei ist, zu verhindern, daß ein anderes Kind an Lungenentzündung erkrankt. Sie gehen zurück und lesen das ausliegende Bilderbuch zum dritten Mal. Sie fühlen sich wieder als stolzer Vater, als der Arzt (der schließlich eingetroffen ist) einige Voruntersuchungen vornimmt (Größe, Gewicht, andere Maße) und verkündet, daß im Babyland alles in Ordnung ist. Sie wollen schon einpacken ... Ein netter Ausflug, als plötzlich ...

Die Helferin, die Sie hereingebracht hat, kommt mit einer Nadel zurück, die Ihrem Kind sicherlich so groß wie das Empire State Building vorkommen muß. Sie geht auf das Baby zu. Und jetzt kommt der Dreh: Ihr Geniekind weiß nicht, daß diese Nadel schmerzen wird. Sie sehen zu. Sie winden sich, als sein Popo entblößt wird. Die Nadel sticht zu; sie wird wieder herausgezogen. Nichts. Ihr Baby sieht Sie mit schockierten Augen an; Sie wissen, daß Sie völlig hinterlistig vorgegangen sind. Dann kommt der lauteste Schrei seit der Geburt, und Sie, der mitschuldige Vater, sinken in abgrundtiefe Niederungen Ihrer frischgebackenen Vaterschaft.

Von jetzt an wissen Sie, daß Ihr Baby die erste Schmerzerfahrung seines Lebens hinter sich gebracht hat und weiß, daß das Leben nicht nur Freuden bereit hält. Sie hatten gehofft, das Paradies würde noch etwas länger vorhalten. Es hat nicht geklappt.

234. *Der erste Sex nach der Geburt ist schmerzhaft (für Ihre Frau) und verwirrend (für Sie).*

Alle Frauen, die ich kenne, waren einer Meinung. »Es tat weh« oder »Es brannte« oder »Erschreckend, wie schmerzhaft es war« oder »Ich war verstört und fragte mich, ob ich mich jemals wieder wie früher fühlen würde« oder »Ich dachte, ich würde mein ganzes Leben lang keinen Spaß mehr am Sex haben.« Und alle Männer sagten: »Kein Spaß« oder »Erschreckend zu sehen, wie wenig Freude sie daran hatte« oder »Ich fühlte mich wie bei einem Überfall«.

Sie werden ganz besonders genau auf die Reaktion Ihrer Frau achten müssen – und ich meine Sekunde für Sekunde. Sollte es anfangen, ihr weh zu tun, hören Sie sofort auf. Es kann geschehen, daß sie in Tränen ausbricht und Sie nicht wissen warum. (Ist sie glücklich oder traurig? Fühlt sie sich Ihnen nah oder eher distanziert?) Sie sollten *niemals* unbedingt zu Ende führen müssen, was Sie begonnen haben. Erwarten Sie nicht von Ihrer Frau, einfach nur »mitzumachen«. Sex ist keine milde Gabe der Barmherzigkeit.

Mehren Sie Ihre Chancen: Machen Sie es besonders romantisch. Ein Freund beschrieb mir, wie er die Ferien in seinem Sommerhäuschen verbrachte und bei Sonnenuntergang ein Picknick am Strand plante: Weißwein, Meeresfrüchte, geröstete

Maiskolben und eine kaloriengeladene Schokoladentorte zum Nachtisch. Sie tranken ein paar Gläschen, wurden etwas fröhlicher und sahen zu, wie die ersten Sterne aufgingen, bevor sie schließlich zu Bett gingen. Sie waren, wie man so schön sagt, genau in der richtigen Stimmung – deshalb waren sie beide völlig unvorbereitet auf ihre Trockenheit und ihre Schmerzen.

Sollte Ihrer Frau etwas Ähnliches widerfahren, erklären Sie ihr, daß ihre Reaktion normal ist; sagen Sie ihr, daß jede Frau eine spezifische Reaktion hat und einen spezifischen Zeitplan.

Leider muß ich es Ihnen deutlich sagen: Es kann eine Weile dauern, bis Sie wieder guten Sex haben. Haben Sie Geduld. Ihr Geschlechtsleben wird sich schließlich wieder normalisieren. Sie werden auch irgendwann wieder diese verrückten Anfälle von euphorischem Sex haben. Denken Sie daran, bevor Ihre Frau Lust bekommen kann, muß sie sich selbst wieder gut fühlen, und es liegt an Ihnen, daß dies nicht zu lange dauert.

Bereiten Sie sich auf die Frage vor: »War sie wie früher?« *Das »sie« bezieht sich auf ihre Vagina. Ihre Antwort ist in jedem Fall »Ja!« (Selbst im gegenteiligen Fall.) Viel später, wenn sie immer noch nicht wie früher sein sollte, besprechen Sie die Möglichkeiten mit ihrem Frauenarzt.*

---

235. Kaufen Sie Ihre erste Babyschaukel.

Natürlich handelt es sich hierbei um ein Säuglingsmodell, eine Babywippe, die Sie sich von einem Freund ausleihen oder in einem Laden für Babyartikel kaufen – die Sorte, in der die Babys einschlafen, so daß Sie endlich einmal wieder einen klaren Gedanken fassen können. Später werden andere Typen folgen: die Schaukel für die Veranda, die Baumschaukel, die

Reifenschaukel, die Seilschaukel in der Nähe eines Teiches. Es ist wichtig für die Vaterschaft, Ihr Kind zu schaukeln, denn die Freiheit des Abhebens wird damit assoziiert – eine Freiheit, die Sie als Vater hoffen, Ihrem Kind geben zu können. Später, wenn Sie Ihr Kind in einer Reifenschaukel anschieben, werden Sie sich daran erinnern, wie es einmal in der Wippe gelegen hat, mit zufriedenen Augen kurz vor dem Einschlafen. Eines Tages wird Ihr Kind ein Püppchen in diese Babywippe legen, und Sie werden sagen, daß Sie früher mit ihm das gleiche gemacht haben. Keiner von Ihnen beiden wird dies glauben, worauf Sie einen merkwürdigen Stich im Herzen fühlen werden.

236. Sehen Sie ein, daß die Schwangerschaft, die Geburt und die ersten Wochen danach manchmal wie ein von Gott organisierter kleiner Hindernislauf erscheinen.

Sie sollten auch wissen, daß der Tag kommen wird, an dem Ihr Kind »LIEBER PAPA ICH LIEBE DICH SO SEHR« auf einen Zettel kritzelt und diesen Zettel zu Ihren Schuhen legt, so daß Sie ihn spätabends finden. Sie werden den Zettel Ihrer Frau zeigen, sie auf die Stirn küssen und sagen: »Allein für diesen Brief hat sich schon alles gelohnt.«

Danksagungen

Wärmsten Dank an Henry Ferris für sein Vertrauen und seine richtungsweisenden Vorschläge als Herausgeber, an Elizabeth Kaplan, meine Agentin, für ihre Intelligenz, ihren Witz und ihren weisen Rat, an Susan Walton und Bruce Giffords für ihr sorgfältiges Überarbeiten, an John Frederick Walker für seine kritische Lektüre der verschiedenen Rohmanuskripte, an Jeff Moores für seine inspirierten Illustrationen, an Maria Campbell für ihren ermutigenden Zuspruch, an Michael Pollan für seine Orientierung, an Miriam Cohen für ihre Inspiration und an Jeanne Martinet dafür, daß sie mich auf den richtigen Weg geschickt hat.

Alle Leute bei William Morrow waren phantastisch. Insbesondere möchte ich Sharyn Rosenblum, Ann Treistman und Rich Aquan danken für ihre Anstrengungen zu meinen Gunsten.

Ich bin meinen Freunden (und deren Freunden) dankbar dafür, *jeden Aspekt* der Schwangerschaft diskutiert und durchleuchtet zu haben, und meinen Eltern Lynn und Steve dafür, daß sie ihrem dreizehnjährigen Sohn sagten, daß jede Seite es verdient, Dutzende von Malen neu geschrieben zu werden …

Das kleine Wort Danke ist vielleicht nicht groß genug, aber ich werde es trotzdem benutzen: an meine Frau Jeanette, die mit ihrer stillen Schönheit unsere Schwangerschaften und unser Familienleben prägt, an Isabelle, die mir sagte: »Vergiß nicht, darüber zu schreiben, wie du zum Konzert der Rolling Stones gegangen bist und ich in Mamas Bauch war«, und an Benjamin, der meinen Laptop mit seinen Smiley-Aufklebern dekoriert hat.

Register